Andreas Schlüter

Wie Hund und Katz

Moderne Fabeln

Mit Bildern von Reinhard Michl

Gerstenberg Verlag

Andreas Schlüter, geb. 1958, lebt in Hamburg und Mallorca. Er leitete Kinder- und Jugendgruppen, arbeitete als freier Journalist und für das Fernsehen, bevor er zu schreiben begann. Inzwischen ist er einer der erfolgreichsten deutschsprachigen Kinderbuchautoren.

Reinhard Michl, geb. 1948, hat nach einer Schriftsetzerlehre an der Akademie der Bildenden Künste in München studiert. Seit 1980 veröffentlicht er Bilderbücher, für die er viele Preise erhalten hat. Bei Gerstenberg ist von ihm bereits erschienen: *Wo Fuchs und Hase sich Gute Nacht sagen. Tiergeschichten und -gedichte.*

Inhalt

Geheimnisse 7

Offene Rechnung 19

Schöne Erfahrung 28

Kunstspinner 36

Falsche Freunde 40

Stummer Gesang 47

Erkenntnis 59

Störenfriede 65

Papierwelt 73

Wagnis 85

Der richtige Ton 89

Baden im Glück 97

Vogelfrei 104

Müde Mücke
macht keinen Mucks 109

Geheimnisse

Irgendwo in Süddeutschland wohnte die Katze Karla neben dem Hund Hektor. Die beiden vertrugen sich gut, obwohl Karla sich kaum um Hektor kümmerte. Umgekehrt allerdings interessierte sich Hektor sehr für seine Nachbarin Karla. Hektor interessierte sich für alles, was bei seinen Nachbarn und den übrigen Bewohnern der Stadt geschah. Hektor war einmal ein Wachhund gewesen. Das ließ sich nicht verbergen.

Eines Tages war Hektor ganz aufgeregt. Er schlug gegen Karlas Haustür und rief ihr eine schreckliche Neuigkeit zu: „Ein Dieb ist in der Stadt!"

„So, so!", sagte Karla.

Hektor musste sich erst umdrehen, um Karla sehen zu können, denn die Katze war gar nicht in ihrem Haus. Sie lag gemütlich im Garten und lümmelte sich in der Sonne.

„Wie kannst du nur so ruhig da liegen?", fragte Hektor. „Hast du denn nicht verstanden? Ein Dieb ist in der Stadt!"

„Wer sagt denn das?", fragte Karla.

„Die Spatzen pfeifen es von den Dächern!"

„So, so!", machte die Katze wieder.

Kopfschüttelnd machte Hektor sich davon. Er hatte keine Zeit sich über Karla zu wundern. Es gab zu viel zu tun. Wenn ein Dieb in der Stadt war, dann musste er schnell sein Haus sicherer machen.

Hektor erneuerte das Schloss seines Gartentores. An seine Haustür montierte er einen weiteren Riegel. Auch die Fenster bekamen zusätzliche Schlösser.

Das alles war ihm noch viel zu wenig. Mit Grausen dachte er daran, dass ein Dieb ihm etwas wegnehmen könnte. Und so brachte er auch noch eine Videokamera über seinem Eingang an.

Als er mit allem fertig war, fiel Hektor erschöpft ins Bett und schlief sofort ein.

Karla stand zu diesem Zeitpunkt gerade erst auf. Sie reckte und leckte sich, machte sich auf in den Wald, fing zwei besonders fette Mäuse, angelte einen dicken Fisch aus dem Fluss und lernte in dieser Nacht auch noch einen reizenden Kater kennen.

Erst im Morgengrauen kehrte sie satt und zufrieden zurück. Kaum hatte sie sich in ihr Bett gekuschelt, als Hektor angelaufen kam.

„Der Dieb war da!", jammerte er. „Der Dieb war bei mir!"

Der Dieb war übers Dach gekommen und hatte alles zerwühlt, erzählte Hektor.

„Was hat er denn gestohlen?", fragte Karla.

„Gar nichts!", antwortete Hektor. „Vermutlich habe ich ihn gestört, als ich erwachte."

„So, so!", sagte Karla.

Hektor hetzte in sein Haus zurück. So ging es nicht weiter! Sein Haus war einfach immer noch nicht sicher genug.

Karla schlich zurück in ihr warmes Bettchen und schlief endlich ein.

Hektor machte sich emsig ans Werk. Er baute dicke Rollläden vor die Fenster. Danach schraubte er eine zweite Kamera ans hintere Gartentor. Und rund um das Haus montierte er Scheinwerfer, damit niemand sich im Dunkeln anschleichen konnte. Nach neun Stunden schwerer Arbeit fiel Hektor todmüde ins Bett.

Zur gleichen Zeit machte sich Karla wieder auf in den Wald. Sie hatte sich mit dem netten Kater verabredet.

Wieder kam sie erst im Morgengrauen zurück. Doch ans Schlafen war gar nicht zu denken.

Die halbe Stadt hatte sich um Hektors Haus versammelt. Mitten im Garten wälzte sich Hektor weinend und winselnd auf dem Boden.

„Was ist los?", fragte Karla.

„Ein Dieb ist in Hektors Haus eingebrochen!", erzählte Eva, die Zeitungsente. „Er kam durch den Keller!"

„So, so!", sagte Karla. „Und was hat er gestohlen?"

„Soweit ich weiß, überhaupt nichts!", antwortete die Zeitungsente. „Vermutlich ist er während seiner Tat gestört worden!"

„So, so!", wiederholte Karla.

Hektor hörte mit einem Male auf zu heulen. Er schaute zu Karla, und für einen Moment sah er aus wie früher, als er noch ein junger, bissiger Wachhund gewesen war. Wild schoss er auf Karla los, packte sie am Fell und brüllte: „Wieso sagst du bloß immer nur ‚So, so‘, als ob dich das alles nichts anginge?"

„Weil es mich nichts angeht!", antwortete Karla ruhig.

„Ach wirklich?", rief Hektor. „Aber morgen kommt der Dieb vielleicht zu dir!"

„Das glaube ich nicht", behauptete Karla.

Natürlich wollte Hektor sofort wissen, was Karla da so sicher machte. Denn auch bei vielen anderen war der Dieb in den vergangenen Tagen schon gewesen: bei Frieda Frosch von der Wetterstation, bei Eugen Eule von der Buchhandlung, beim Autohändler Max Marder. Ebenso bei Karin

Kartoffelkäfer, die den großen Supermarkt leitete, und selbstverständlich auch bei Udo Uhu, dem Besitzer der Klebstoff-Fabrik draußen vor der Stadt. Nur Karla war verschont worden.

Schon äußerte die Hyäne Hannelore den Verdacht, dass Karla vielleicht mit dem Dieb unter einer Decke steckte.

„Was wurde euch denn gestohlen?", fragte Karla in die Runde.

Und da kam es heraus: Niemandem war etwas gestohlen worden. Immer waren nur alle Zimmer zerwühlt, aber es fehlte nichts.

„So, so!", machte die Katze.

„Hör auf jetzt mit deinem ‚So, so‘!", schimpfte Hektor. „Sag uns, weshalb bei dir nicht eingebrochen wurde!"

„Ich habe keine Schlösser in den Türen!", antwortete Karla und ging nach Hause.

Die ganze Gemeinde stand stumm da, sah der Katze nach und konnte es nicht glauben.

Erst als Karla schon in ihrem Haus verschwunden war, kam die Zeitungsente Eva auf die Idee nachzuschauen. Und wirklich, Karlas Haus stand offen. In dem ganzen Haus gab es nicht ein einziges Schloss!

„Das gibt es doch gar nicht!", wunderte sich Eva. „Wie sichert Karla denn ihre Wertsachen?"

„Ich habe keine Wertsachen im Haus!", rief Karla von oben aus dem Fenster.

„Sie hat keine Wertsachen!", lachte die Hyäne. „Dann ist es ja kein Wunder, dass niemand bei ihr einbricht!"

Nun lachten auch alle anderen über Karla, weil sie so arm war, dass sie keine Wertsachen besaß.

„Habt ihr denn welche im Haus?", fragte Karla.

„Aber natürlich!", antworteten die anderen empört. „Eine ganze Menge sogar!"

„So, so!", sagte die Katze.

Nun platzte aber auch der neu gewählten Bürgermeisterin, Frau Dr. Henriette Hängebauchschwein, endgültig der Kragen.

„Was heißt jetzt schon wieder ‚So, so‘?", wollte sie wissen.

„Na!", rief Karla aus dem Fenster herunter. „Wenn ihr so viele Wertsachen im Hause habt, warum ist euch dann niemals etwas gestohlen worden?"

Mit dieser Frage ließ Karla die Versammlung allein. Sie schloss das Fenster, zog sich in ihr Bett zurück und konnte endlich schlafen.

Während Karla den ganzen Tag wunderbar träumte, geschah in der Stadt etwas Wundersames.

Überall hämmerten, schraubten und klopften die Stadtbewohner an ihren Häusern herum. Genauso wie Hektor es immer gemacht hatte.

Fast genauso.

Wenn man genau hinschaute, sah man, dass sie es umgekehrt machten. Sie bauten keine zusätzlichen Schlösser an ihre Häuser, sondern montierten sie ab. Erst brachen sie die Schlösser aus den Haustüren heraus, danach kamen die Gartentüren dran, die Alarmanlagen wurden abgebaut, die Zäune eingerissen, und am Abend, als alles fertig war, gab die Stadt ein seltsames Bild ab: Die Türen aller Häuser standen offen! Es gab keine Zäune mehr, keine Überwachungskameras, keine verschlossenen Fenster und alle Rollläden waren hochgezogen!

Es war, als ob die Bewohner der Stadt an diesem Abend ganz viele Gäste erwarteten.

Nur Hektor machte nicht mit. Das kam für ihn gar nicht in Frage. Hektor machte sein Haus noch sicherer. Er grub einen Graben um sein Haus herum, füllte ihn mit Wasser und wickelte auch noch dicken Stacheldraht rund ums Haus. So! Jetzt sollte mal ein Dieb versuchen, in sein Haus zu kommen!

Erschöpft, aber zufrieden schlief Hektor schließlich ein, während Karla an diesem Abend nicht in den Wald ging, sondern zum Marktplatz.

Auf dem Marktplatz setzte sich Karla oben auf den Haufen alter Schlösser, während sich alle anderen um sie herum versammelten.

Unsicher sahen sie einander an. Was war, wenn heute Nacht der Dieb doch wieder kam? Doch Karla beruhigte sie: „Bei euch allen ist der Dieb schon gewesen, aber er hat nie etwas gestohlen. Warum also sollte er es heute tun?"

Das sahen die anderen ein, und so kamen sie auf die Idee, lieber ein Fest zu feiern: Das große Fest der offenen Türen!

Jeder trug etwas dazu bei, und im Nu war auf dem Marktplatz das größte Picknick aufgebaut, das die Stadt je gesehen hatte: Plätzchen und Würstchen, Kuchen und Brot, Käse und Süßigkeiten, Säfte und Milch. Es fehlte an nichts.

Nur Hektor schlief einsam und allein in seinem Haus und merkte nicht, wie jemand langsam und leise durch sein Wohnzimmer schlich.

Ein kleines Nachtlämpchen schimmerte aus Hektors Schlafzimmer herüber und warf den Schatten des Unbekannten groß und unheimlich an die Wand.

Der Dieb stolperte über einen seidenen Faden, den Hektor quer durchs Wohnzimmer gespannt hatte. Dadurch wurde eine große Glocke in Bewegung gesetzt, die Hektor alarmierte. Der schoss wie in seinen besten Zeiten knurrend und bellend aus seinem Bett direkt auf den Eindringling zu.

Auf dem Marktplatz wurde gelacht und getanzt, gesungen und geschunkelt wie schon seit langem nicht mehr.

Die schöne Stimmung wurde jäh unterbrochen, als Hektors Stimme durch die Stadt drang: „Ich hab sie. Ich habe die Diebesbande!"

Alle verstummten.

Mit stolz geschwellter Brust rückte Hektor heran, drei ganz kleine, traurig dreinblickende, zerzauste, sehr schräge Vögel im Schlepptau, denen Hektor die Flügel gefesselt und die Köpfe mit seiner Hundeleine befestigt hatte.

„Das sind die Diebe!", präsentierte Hektor seine Opfer den Anwesenden auf dem Marktplatz:

„Eine diebische Elster, ein frecher Spatz und ein blindes Huhn!", erkannte Eva, die Zeitungsente sofort.

Tagelang hatten die Einwohner über die Diebe gesprochen. Jetzt standen sie vor ihnen. Zerzaust, traurig und so gar nicht gefährlich aussehend. Niemandem fiel ein, was man hätte sagen können. Nur die Bürgermeisterin glaubte etwas reden zu müssen. Sie fühlte sich als Amtsperson sehr wichtig. „Ähem!", räusperte sie sich: „Wie kamen Sie dazu, uns zu bestehlen?"

Aber Eva, die vorlaute Zeitungsente, schnatterte mal wieder dazwischen: „Sie haben ja gar nichts gestohlen!"

Die Bürgermeisterin schaute böse. Die anderen gaben der Zeitungsente recht. Die schrägen Vögel waren zwar überall eingedrungen, hatten aber niemals etwas gestohlen.

Karla schnurrte leise vor sich hin. Sie dachte nach. Überall waren die schrägen Vögel gewesen, nur bei ihr nicht. Und dort, wo sie gewesen waren, hatten sie nichts mitgenommen. Also fragte sie: „Was habt ihr eigentlich gesucht?"

Die diebische Elster blickte zur Katze hinauf und antwortete schüchtern: „Geheimnisse!"

„Geheimnisse?", wiederholte die Hyäne Hannelore und lachte albern.

Die Elster nickte, schabte mit einer Kralle verlegen auf dem Boden herum und der freche Spatz gestand: „Wir sind so schrecklich neugierig und sammeln Geheimnisse!"

„Ja!", bestätigte das blinde Huhn. „Geheimnisse von uralten Schatzkarten und Fundstücken, wie man sie aus Märchen und Piratenbüchern kennt!"

„Aber niemand von euch hat ein wirklich richtiges, spannendes Geheimnis!", ergänzte die Elster.

„Genau!", meckerte der freche Spatz: „So etwas Langweiliges! Und dafür die ganzen Schlösser, Ketten und Kameras vor den Türen. Richtig lächerlich!"

„Gack!", machte das blinde Huhn. „Nicht eine tolle Geschichte haben wir gefunden!"

Die Zeitungsente nickte stumm. Sie kannte das Problem aus eigener Erfahrung.

Nur Karla lachte. „So, so!", sagte sie. „Warum seid ihr nicht gleich zu mir gekommen? Ich weiß, wo es spannende Geschichten gibt!"

„Du?", wunderten sich die Elster, der Spatz und das Huhn wie aus einem Schnabel. „Wo du nicht einmal dein Haus abschließt?"

„Genau!", antwortete Karla. „Geheimnisse gibt es nämlich nicht hinter verschlossenen Türen!"

„Sondern wo?", wollte jetzt auch die Zeitungsente wissen. Schließlich wartete sie auch schon das ganze Leben auf eine tolle Geschichte.

„Das, meine Lieben", schmunzelte Karla, „ist ein Geheimnis – welches jeder selbst entdecken muss!"

Mit diesen Worten drehte sie sich um und schlenderte gemütlich in den Wald. Ein guter Ort für Geheimnisse.

Offene Rechnung

Irgendwo im Wald, gar nicht weit von der Stelle, zu der die Katze Karla nachts gern streifte, wohnte Frieda Frechdachs in einer kleinen, gemütlichen Höhle. Leider gehörte die Höhle nicht ihr, sondern sie hatte sie nur gemietet. Deshalb wurde sie auch sofort nervös, als sie den Absender des Briefes las, den ihr die Brieftaube Bärbel übergab.

Der Brief kam von dem Stinktier Stefan. Doktor Stefan Stinktier, um korrekt zu sein. Anwalt und Friedas Vermieter.

Stinktier Stefan redete mit niemandem. Dafür wohnte er auch zu weit draußen. Niemand hatte neben einem Stinktier leben wollen, und so war der Anwalt hinter die Klebstoff-Fabrik gezogen, weil er glaubte, es handle sich dort um eine ganz besonders noble Wohngegend, die sich sonst niemand leisten konnte. Aber obwohl er mit keinem redete, schrieb er in der Regel auch keine Briefe. Jedenfalls keine netten, sondern nur Formbriefe wie Abrechnungen und Mahnungen, oder solche, in denen er eine Mieterhöhung verlangte.

„Oje!", jammerte Frieda Frechdachs. „Was will er denn nun schon wieder? Ich hatte doch erst eine Mieterhöhung!"

Bärbel wartete neugierig. Denn es war nicht der einzige Brief von Stinktier Stefan, den sie an diesem Morgen auszutragen hatte. Zehn Wohnungen gehörten ihm. Auf alle zehn Bewohner wartete ein Brief.

„Das ist ja eine Frechheit!", rief Frieda. Sie zeigte Bärbel den Brief.

Wertes Fräulein Frechdachs!

Gemäß §17 Abs. 12 Ziff. 27 Ihres Selbst-Schuld-Mietvertrages kündige ich das Mietverhältnis zum nächsten Ersten ohne Begründung.

> *Herzlichst*
> *Dr. Stefan Stinktier*
> *Anwalt*

„Er schmeißt dich aus der Wohnung!", rief Brieftaube Bärbel entsetzt. „Du wohnst doch schon zehn Jahre hier. Das ist ja eine Frechheit!"

Eilig lief Frieda Frechdachs in die Höhle, suchte den alten Vertrag heraus und sah gemeinsam mit Bärbel den „Selbst-Schuld-Mietvertrag" durch.

Damals war Frieda froh gewesen so eine schöne kleine Wohnung gefunden zu haben und hatte den Vertrag unterzeichnet, ohne ihn genau durchzulesen.

„Was hätte ich tun sollen?", klagte sie. „Ich brauchte die Wohnung!"

Tatsächlich stand in dem zwanzig Seiten dicken Vertrag, eine Kündigung ohne Begründung sei jederzeit möglich.

Brieftaube Bärbel ahnte, dass in den anderen Briefen das Gleiche stehen würde.

Und wirklich. Einem nach dem anderen wurde die Wohnung gekündigt:

Siggi, dem Salamander. Der war ganz durcheinander.

Igel Ilja starrte auf den Brief und igelte sich sofort ein.

Wieland wieselte durch seine Höhle, weil er seinen Vertrag nicht finden konnte.

Lehrer Dr. Specht schrieb sofort eine Beschwerde. Er wusste nur noch nicht, wem er sie schicken sollte.

Blindschleiche Bea fand ihre Brille nicht und ließ sich den Brief dreimal vorlesen.

Hase Hellmut war nicht zu Hause und wusste von nichts.

Sieglinde hielt das Ganze für eine Spinnerei.

Wildschwein Werner grunzte nur missmutig: „Schweinerei!“

Selbst Bodo Bücherwurm durfte seine Bibliothek nicht behalten. „Hier ist das letzte Kapitel noch nicht geschrieben und das letzte Wort noch nicht gesprochen!“, kündigte er kampfeslustig an.

Daheim rieb sich Stinktier Stefan die schmutzigen Pfoten. Seine Gefährtin, die raffige Ratte Renate, sah ihn bewundernd an und piepste: „Bekomme ich jetzt mein Einkaufszentrum, Liebling?“

„Aber sicher, mein Mäuschen!“, säuselte Stefan seiner Ratte zu.

Und so geschah es auch. Die Tiere mussten all ihre heimeligen Höhlen, niedlichen Nester und beschaulichen Baue verlassen und fanden sich alsbald ohne Dach über dem Kopf im Wald wieder.

Vor jede leere Wohnung hängte Stinktier Stefan ein großes Schild:

Zu Vermieten!
1A Lage für Geschäftsinhaber
im neuen
Wald - Einkaufszentrum

Die raffige Ratte Renate war entzückt. Sie stellte sich schon vor, wie sie durch das neue, edle Einkaufszentrum schlendern und sich all die schicken Dinge in den Schaufenstern ansehen würde. Und das Beste daran: Sie war die Hausherrin! Die ganzen reichen Geschäftsinhaber mussten ihre Miete bei ihr, Lady Ratte, bezahlen. Sie würde zur angesehensten Dame des ganzen Waldes werden.

Doch noch standen alle Läden leer.

„Wir müssen sie umbauen, damit sie schicker werden", verlangte die raffige Ratte Renate. „Dann werden die reichen Geschäftsleute schon kommen."

Stinktier Stefan machte sich also auf, die leeren Läden umzubauen. Aber wie sollte er das tun? Er konnte nicht einmal einen Nagel in die Wand schlagen. Also musste er Leute suchen, die so etwas für ihn erledigten.

Währenddessen saßen Frieda Frechdachs und ihre Nachbarn im Kreis zusammen, wärmten sich gegenseitig und berieten, was sie tun konnten. Es gab keine leeren Höhlen,

Nester und Baue mehr in der Gegend. Also blieb nur eines: Sie mussten sich eigene Behausungen bauen. Vielleicht würden sie nicht so schick werden wie die, die sie bisher gehabt hatten, aber dafür bestimmt ebenso gemütlich, und vor allem, es würden ihre eigenen Wohnungen sein. Ohne Vermieter, der sie eines Tages wieder rauswerfen konnte.

So gingen sie eifrig ans Werk.

Bodo Bücherwurm besorgte Bücher, in denen man nachlesen konnte, wie man Häuser baute. Spinne Sieglinde verstand sehr viel von Architektur, Wiesel Wieland schaffte Baumaterial heran, Igel Ilja konnte mit dem Hammer umgehen, Lehrer Dr. Specht kam mit der Säge zurecht, Blindschleiche Bea und Siggi Salamander rührten den Mörtel an, Wildschwein Werner sorgte für Proviant und alle gemeinsam bastelten und bauten jeden Tag bis spät in die Abendstunden. Und wenn mal etwas nicht klappte, dann holten Hase Helmut und Brieftaube Bärbel Hilfe von anderen Tieren im Wald.

Das war auch der Grund, weshalb Stinktier Stefan keine Arbeitskräfte fand, die seine Wohnungen in schicke Geschäfte umbauen konnten.

Und weil es keinen Umbau gab, kamen auch keine Mieter.

Und weil keine Mieter kamen, gab es auch keine Geschäfte. Aber gerade die wollte die raffige Ratte Renate so gern haben.

„Dann machen wir eben selbst Geschäfte auf!", beschloss sie.

Und so zog Stinktier Stefan los, um einzukaufen: edlen Schmuck für das Juweliergeschäft, seltene Pelze für den Pelzladen, feine Lebensmittel für das Delikatessengeschäft, teures Geschirr für den Porzellanladen, der für Elefanten ausdrücklich verboten war, obwohl es im Wald gar keine Elefanten gab. Außerdem noch Schuhe und Kleidung und Hüte und Elektronik.

„So ist es fein!", freute sich die raffige Ratte Renate, als all die vielen Sachen in den Geschäften auslagen. „Jetzt brauchen wir Verkäufer!"

Aber auch Verkäufer fanden sich nicht, denn alle Bewohner des Waldes hatten so viel in der neuen Wohnsiedlung zu tun, dass niemand Verkäufer werden wollte.

Edlen Schmuck, seltene Pelze, feine Lebensmittel und teures Geschirr brauchte übrigens auch niemand. Und so fehlten nicht nur die Verkäufer, sondern auch die Kunden.

Drei Monate standen die schicken Läden mit all den feinen Sachen im Wald herum, ohne dass auch nur ein einziger Kunde gekommen wäre.

Inzwischen war die neue Wohnsiedlung fertig und Frieda, Siggi, Ilja, Wieland, Lehrer Dr. Specht, Bea, Sieglinde und Werner wohnten alle wieder in kleinen, schönen Wohnungen. Selbst Bodo Bücherwurm hatte wieder eine Bibliothek bekommen.

Zu dieser Zeit segelte Brieftaube Bärbel zu Stinktier Stefan und überreichte ihm einen Stapel Briefe.

Er öffnete sie einen nach dem anderen: „Rechnung … Rechnung … Rechnung … alles Rechnungen!"

All die schönen Dinge, die er für die Läden eingekauft hatte, mussten nun bezahlt werden. Da aber keine Kunden gekommen waren und er keine Mieter mehr hatte, hatte er auch kein Geld eingenommen. Und so konnte er keine der Rechnungen bezahlen.

„Ich bin pleite!", stellt Stinktier Stefan fest.

Die raffige Ratte Renate konnte es gar nicht fassen. „Wir besitzen zehn Läden und sind pleite. Wie kann das nur sein?", wunderte sie sich.

Stinktier Stefan sah nur eine Möglichkeit. Er brauchte seine alten Mieter wieder.

Da er aber kein freundliches Wesen war, sondern durch und durch ein Stinktier und dazu noch Anwalt, schrieb er allen seinen ehemaligen Mietern einen Brief: dem Fräulein Frieda Frechdachs, dem Salamander Siggi, Ilja, dem Igel, Wieland, dem Wiesel, dem Lehrer Dr. Specht, der Blindschleiche Bea, der Spinne Sieglinde und dem Wildschwein Werner. Selbst Bodo Bücherwurm bekam einen Brief in seine Bibliothek, in dem stand:

Gemäß $17 Abs. 12 Ziff. 28 Ihres Selbst-Schuld-Mietvertrages erlaube ich Ihnen, das Mietverhältnis zum nächsten Ersten ohne Begründung mit einer kleinen Mieterhöhung von 15 Prozent wieder aufzunehmen.
Ich erwarte Ihre Zusage in Kürze.

Unterzeichnet
Dr. Stefan Stinktier
Anwalt

„Großartige Idee!", freute sich die raffige Ratte Renate und bewunderte ihren klugen Anwaltsgatten für so viel Geschäftstüchtigkeit.

Beide verstanden die Welt nicht mehr, als Brieftaube Bärbel ihnen zwei Tage später einen Brief brachte. Sie öffneten ihn und lasen:

Werter Anwalt Dr. Stefan Stinktier und seine raffige Renate!
Gemäß unserem gesunden Menschenverstand erlauben wir
Ihnen uns mal kreuzweise am Hintern zu lecken.

Herzlichst

Ihre ehemaligen Mieter

Von diesem Tag an wurden weder der Anwalt Dr. Stefan Stinktier noch die raffige Ratte Renate jemals wieder im Wald gesehen.

Jahre später erzählte man sich, die beiden hätten versucht ein Sonnenstudio zu eröffnen – am Nordpol, weil doch die Eisbären immer so blass wären …

Schöne Erfahrung

Irgendwo inmitten der Stadt bewunderte sich Paul, der Pfau, im Spiegel. Er sah wunderbar aus, fand er. Seine Federn schimmerten bunt wie ein Regenbogen, sie glänzten wie Seide, und wenn er ein Rad schlug, war es nur so eine Pracht. Sein schlanker muskulöser Körper rundete das Spiegelbild perfekt ab. Paul war schön. Sehr schön. Er war das schönste Lebewesen der ganzen Gegend. Das war bekannt.

Wenn er auch nur einen Fuß vor die Tür setzte, konnte er sich vor Verehrerinnen kaum retten. Ein ganzes Rudel dummer Puten hüpfte und schmachtete ihm hinterher. Die Hühner begannen aufgeregt zu gackern, sodass der Hahn sich beleidigt zurückzog. Die Tauben plusterten sich auf, um Pauls Aufmerksamkeit zu gewinnen, und selbst die Sumpfhühner und Schnepfen blickten ihm bewundernd nach.

So gefiel Paul das Leben. Er brauchte nichts zu tun, als einfach nur schön zu sein. Und er hatte auch noch nie etwas anderes getan, als sich um seinen Körper und sein Gefieder zu kümmern.

Morgens schlief er lange aus. Dann nahm er ein Bad. Mittags ließ er sich von einem Rudel dummer Puten mit einem festlichen Mahl füttern. Jeden Nachmittag schnatterte die Zeitungsente Eva vorbei, machte ein Interview mit ihm und ließ ihn fotografieren, damit Paul am nächsten Tag auf den Titelseiten der Zeitung und der Illustrierten erscheinen konnte. Alles konnte man über Paul lesen: wann er aufstand, wann er zu Bett ging und mit wem. Wo er gegessen, getrunken und gebadet hatte. Eva ließ niemals etwas aus. Je öfter Paul in den Zeitungen auftauchte, desto prominenter wurde er. Und je prominenter er wurde, desto mehr himmelten ihn die dummen Puten, die gackernden Hühner, die hässlichen Entlein, Sumpfhühner und Schnepfen an. Ja, das war ein Leben ganz nach Pauls Geschmack.

An seinem Geburtstag feierte er eine große Party, über die Zeitungsente Eva in einer Sonderausgabe berichtete. Und darin war später auch zu lesen, dass auf der Party plötzlich ein seltsamer Gast auftauchte: Schulz, die Schildkröte.

Alt war sie und schrumpelig, und ganz offensichtlich bekam sie nicht mehr so richtig mit, was in der Welt um sie herum geschah. Denn Schulz, die Schildkröte, schenkte Paul zum Geburtstag ein Buch und sagte: „Damit du auch mal so schön wirst wie ich!"

Paul sah die alte, hässliche Schildkröte zuerst verdutzt an, schaute sich um, wie die anderen Partygäste reagierten, und als er sah, dass ihn alle anschauten und etwas Tolles von ihm erwarteten, lachte Paul plötzlich herzlich über das Geschenk.

„Was um alles in der Welt soll ich mit einem Buch über Schönheit?" fragte er. „Ich habe noch nie ein Buch gelesen. Schon gar keines über Schönheitstipps. Wozu auch?" Er breitete seine prächtigen Federn aus, um zu zeigen, dass er alles hatte, was er sich wünschte: schöne dumme Puten um sich herum, ein Luxusappartement und reichlich Ruhm.

„Wenn du es liest, wirst du eines Tages
vielleicht so schön wie ich!", sagte Schulz,
die Schildkröte, und verließ die Party.

Paul lachte und schüttelte den Kopf. „So
schön wie du? Alt, runzelig und hässlich?
Danke, auf die Schönheit kann ich verzichten!"

Als Schulz gegangen war, wandte Paul sich wieder
an die dummen Puten.

„Wisst ihr was?", rief er ihnen zu. „Ich werde das Buch
nicht lesen, ich werde lieber selbst eines schreiben! Jawohl!"

Und so geschah es.

Natürlich schrieb er es nicht wirklich selbst. Das machte
Eva für ihn. Und so erschien bald sein Werk. „Ich, Paul!" hieß
es. Und alles stand darin, was man über Paul wissen musste:

wie er seine Federn pflegte, was er aß, was er für seinen Körper tat und welche dummen Puten er besonders dumm fand.

Doch im nächsten Jahr auf der Geburtstagsfeier, die noch größer und pompöser war als die letzte, kam Schildkröte Schulz wieder uneingeladen vorbei und schenkte ihm erneut ein Buch. „Lies es, vielleicht wirst du mal so schön wie ich!", sagte er nur und verließ die Party. Wieder lachte Paul, aber diesmal sah man ihm an, dass er sauer war. Was bildete sich diese blöde Schildkröte ein? Woher kam sie überhaupt? Niemand in der Stadt kannte sie. Wohnte sie im Wald? Oder reiste sie jedes Jahr extra von weit her an, um ihn, den schönen Paul, zu ärgern? Paul warf das Buch fort, noch eingewickelt im Geschenkpapier, so wie er es im vergangenen Jahr auch getan hatte.

Fünf Jahre ging das so. Paul verjagte Schulz schon, bevor er überhaupt nur die Gartenpforte passieren konnte. Dennoch legte Schulz Jahr für Jahr das Buch vor der Tür ab, und Jahr für Jahr warf Paul es in den Müll, ohne es auszupacken.

Im sechsten Jahr aber kam Schulz nicht mit einem neuen Buch, sondern mit einer Neuigkeit.

„Es kommt ein neuer Pfau in die Stadt!", rief Schulz Paul zu und verschwand wieder.

Der neue Pfau hieß Paulchen und war viel jünger als Paul, noch muskulöser, noch schlanker und seine Federn glänzten noch seidener im Spiegel. So einen schönen Pfau hatte die Welt noch nicht gesehen! Zeitungsente Eva schrieb sofort eine Sonderausgabe. Das Fernsehen brachte einen Beitrag, und als Paulchen am nächsten Morgen einen Fuß vor die Tür setzte, traute er seinen Augen nicht. Alle dummen Puten des Landes hatten sich vor seinem Haus versammelt, um ihm zuzujubeln. Die Hühner gackerten, sodass sich der Hahn beleidigt zurückzog, und selbst die Sumpfhühner und Schnepfen schauten ihm bewundernd nach.

Paul beobachtete das Schauspiel aus der Ferne. An diesem Morgen hatte niemand vor seinem Haus gewartet; gebadet hatte er allein und zum Mittagsmahl erschien auch niemand. Natürlich kam auch Eva nicht am Nachmittag, um ihn zu interviewen. Denn Eva hatte nun einen Job beim Fernsehen und sie musste einen Filmbeitrag über Paulchen machen.

„Jetzt erst recht!", ärgerte sich Paul und lud die ganze Stadt und die Nachbarstadt und die Nachbarstadt der Nachbarstadt zu seinem Geburtstag ein.

Doch niemand kam.

Niemand – außer Schulz, der Schildkröte.

„Verschone mich mit deinen Büchern!", brüllte Paul.

„Ich wollte dich einladen!", sagte Schulz. „Ich gebe eine Party!"

„Du?", wunderte sich Paul. Was sollte das für eine Party

sein, die eine alte, tatterige, hässliche Schildkröte ausrichten konnte? Damit wollte Paul nichts zu tun haben.

Doch als Pauls nächster Geburtstag nahte, ging es ihm noch schlechter. So mies, dass er nicht mal mehr eine Party feiern mochte. Es würde ja ohnehin niemand kommen. Er wohnte nun in einer kleinen Einzimmerwohnung. Sein Luxushaus war zu teuer geworden. Paul verdiente nichts mehr und hatte über all die Jahre alles Geld verjubelt. Sein Gefieder war matt geworden und im Gesicht zeichneten sich Falten ab. Wovon sollte er in Zukunft nur leben?

Schon dreimal war er beim Arbeitsamt gewesen. Doch Antoinette, die emsige Ameise vom Amt, hatte keine Arbeit für ihn. „Du kannst ja nichts!“, sagte sie. „Du bist zu alt, nicht mehr schön genug und gelernt hast du nie etwas!“

Bedrückt ging Paul nach Hause, um einsam und allein seinen Geburtstag zu begehen. Als er seine Wohnung erreichte, stand Schulz schon vor der Tür.

Zum ersten Mal nach sieben Jahren begrüßte Paul ihn, ohne ihn gleich zu beschimpfen. Wieder sprach Schulz eine Einladung zu seiner Party aus und diesmal nahm Paul sie auch an.

Da er ohnehin gerade allein war, konnte er gut seiner Neugier nachgeben und sich ansehen, was die alte, hässliche Schildkröte Schulz wohl für eine Party feierte.

Als er Schulz' Haus betrat, traute Paul seinen Augen nicht. Alle waren sie gekommen: die dummen Puten, die gackernden Hühner, die Sumpfhühner und Schnepfen – und sogar Eva, die Zeitungsente.

„Ihr seid hier und nicht bei Paulchen, dem schönsten Wesen der Welt?", wunderte sich Paul.

„Da sind die Jüngeren!", schnatterte Eva gleich los. „Sieh uns an!"

Und Paul sah: Nicht nur er war alt geworden, sondern auch all seine früheren Gäste. „Und was macht ihr hier?"

Die Hühner gackerten und die dummen Puten verstanden die Frage nicht.

„Wir machen Party!", schnatterte Eva. „Schau!"

Paul sah eine kleine Bühne, auf der ein roter Ohrensessel stand. Auf dem Sessel hatte sich Schulz niedergelassen, und all die gackernden Hühner, Sumpfhühner, Schnepfen und dummen Puten hockten sich im großen Kreis um ihn herum. Sie tranken Sekt und Wein und Bier und Limo, lachten und scherzten, bis Schulz seinen Kopf weit aus dem Panzer streckte und „Schschsch!" rief.

Plötzlich wurde es mucksmäuschenstill.

„Was wollt ihr hören?", fragte Schulz.

„Die Märchen!", riefen die dummen Puten.

„Die Gruselgeschichten!", schlug Eva vor. „Aus dem Buch vom zweiten Jahr!"

„Nein, nein, nein!", meinten die Sumpfhühner. Sie verlangten nach den Liebesgedichten vom vierten Jahr.

Langsam begriff Paul. Neben dem Ledersessel lagen aufeinander gestapelt fünf Bücher, genauso viel, wie Schulz ihm über die Jahre geschenkt hatte.

„Ich hab sie alle wieder aus dem Müll gefischt!", gestand Eva. „Ich war einfach zu neugierig!"

„Und seitdem liest er uns daraus vor!", berichtete eine Schnepfe. „Jedes Jahr kommen ein paar mehr zum Zuhören. Eine tolle Party! Und er liest so schön!" Die Schnepfe zeigte auf Schulz.

„Er ist ja auch schön!", fand eine dumme Pute.

„Es ist hier überhaupt so schön!", ergänzte ein gackerndes Huhn. „Und so interessant! Vielleicht liest er heute auch Krimis. Oh, das wird spannend!"

„Heute", begann Schulz und es wurde wieder totenstill, „haben wir etwas besonders Schönes!"

Die Menge murrte aufgeregt.

„Heute", sagte Schulz, „liest uns Paul vor, der zum ersten Mal zu Gast in unserer Runde ist!"

Tosender Beifall.

Das hatte Paul lange nicht mehr erlebt.

Langsam und so schüchtern, wie er noch nie im Leben gewesen war, betrat er die kleine Bühne, nahm sich das Buch mit den Liebesgedichten und begann laut daraus vorzulesen. So schön, dass alle dummen Puten und gackernden Hühner, die Schnepfen und Sumpfhühner weinen mussten.

Paul las genauso schön wie Schulz.

Wie schade für Paulchen und die jungen Hühner, dass sie diesen Abend verpassten, fand Eva, die Zeitungsente, und schrieb es am nächsten Tag ins Lokalblättchen, wo es niemand las. Aber was machte das schon?

Kunstspinner

Irgendwo gar nicht weit von Karlas Haus entfernt, kurz hinter der Töpferwerkstatt von Tontaube Toni, hatte die Spinne Sigrid in ihrer Scheune mächtig zu tun. Sie musste nur noch wenige kleinere Fäden spinnen und ihr Werk war vollbracht. Die ganze Nacht hatte sie mit der Arbeit zugebracht, doch die Mühe hatte sich gelohnt: Das Spinnennetz war fertig.

Der Tag brach schon an, als Sigrid sich erschöpft am Rand des Netzes niederließ, um sich auszuruhen. So sah sie nicht, wie das Unheil nahte.

Schmidtchen, die kleine Schmeißfliege, war an diesem Tag früh auf. Sie düste durch die Scheune, flog einen Looping, senkte sich im Sturzflug hinab – und sah das frisch gesponnene Netz vor sich viel zu spät. Vergeblich versuchte sie noch auszuweichen. Mit einem ihrer sechs Beinchen blieb sie an einem losen Faden hängen. Hilflos zappelte sie im Spinnennetz, und je mehr sie sich bewegte, desto schlimmer verfing sie sich in der klebrigen Falle. Es war aus! Jede Hoffnung auf Rettung verloren.

Schon sah sie das entsetzliche Monster auf sich zukommen. Gierig und gefräßig krabbelte die große, schwarze Spinne näher. Immer näher. Todesnah!

„Oh Gott, oh Gott!“, jammerte Schmidtchen. Wenn sie nur besser aufgepasst hätte! Warum hatte sie auch ausgerechnet in einer Scheune ihre Flugkünste testen müssen! Weshalb nicht draußen über der weiten Wiese!

Die Spinne öffnete bereits ihr hässliches Maul. Schmidtchen wusste, was ihr blühte. Die Spinne würde sie mit ihrem Verdauungssaft anspucken, Schmidtchen sich langsam bei lebendigem Leibe auflösen, um nur einen Augenblick später als köstliches Fertiggetränk zu dienen. Wenn die Fliege Glück hatte, war die Spinne gnädig genug, sie mit ihrem Gift zu betäuben, bevor sie sie aussaugte. So waren sie, die Spinnen: widerliche, schreckliche Fliegenfress-Monster!

Sigrid stand jetzt direkt vor der Fliege. Sie riss ihr Maul so weit auf, wie sie nur konnte, und … und … brüllte: „KANNST DU NICHT AUFPASSEN, DU TRAMPEL?"

Schmidtchen zuckte ängstlich zusammen.

Sigrid klapperte mit ihren Klauen, zupfte und zerrte mit ihren acht Beinen an dem Netz, ließ ihre vier Augenpaare rollen und schimpfte: „Sieh es dir an! Sieh es dir an!"

Schmidtchen wusste nicht, was sie sich ansehen sollte. Noch immer gelähmt vor Angst baumelte sie im Netz und starrte auf das entsetzlich große Maul der Spinne.

Sigrid zog an Schmidtchens Beinchen.

Jetzt zerreißt sie mich! Schmidtchen hatte keine Zweifel. Ihr Ende war gekommen.

Doch plötzlich spürte sie, wie sie wieder die Hälfte ihrer Beinchen bewegen konnte. Was tat die Spinne da?

„Sieh es dir an!", wiederholte Sigrid. „Sieh dir dieses Loch im Netz an!"

Schmidtchen hätte diesem Befehl gern gehorcht, aber sie

saß noch zu sehr im Netz fest, als dass sie sich hätte drehen können.

Doch im nächsten Moment hatte Sigrid ihr schon die Flügel befreit, ein weiteres Bein folgte. Es fehlte nicht mehr viel und die Fliege würde fortfliegen können.

„Du befreist mich?", wagte Schmidtchen zu fragen.

„Glaubst du etwa, ich lasse dich hier kleben und schaue tatenlos zu, wie du als Schandfleck mein Kunstwerk ruinierst?", giftete die Spinne.

Jetzt war es ausgesprochen: „Kunstwerk", hatte die Spinne gesagt.

„Lass dich nie wieder hier blicken!", warnte Sigrid. „Ich schufte nicht die ganze Nacht, um mir von hirnlosen Flattertieren am nächsten Morgen alles zerstören zu lassen. Das hier ist eine Insel der Kunst. KUNST, verstehst du? Das ist etwas fürs Auge, nur fürs Auge. Unantastbar! Unberührbar! Und nun verschwinde!"

Schmidtchen reckte jedes einzelne ihrer sechs Beinchen, testete die Flügel. Alles befand sich in einwandfreiem Zustand. Nur das Netz der Spinne wies tatsächlich ein großes unansehnliches Loch auf.

„Tut mir leid!", flüsterte die Fliege, ohne zu wissen, weshalb sie sich plötzlich schuldig fühlte.

Bevor sie fortflog, schaute sie sich noch einmal um, und nun erkannte sie, was die Spinne wohl meinte. Das Netz, in das sie geflogen war, war kein gewöhnliches Netz. Es war nicht silbrig weiß wie alle anderen Spinnennetze, die sie kannte, sondern zitronengelb.

„Das hätte ich doch sehen müssen!",
entfuhr es ihr.

„Das meine ich auch!", setzte die
Spinne von neuem an. „Und das auch!
Ebenso wie jenes!" Sie zeigte auf zwei
benachbarte Netze, eines war dunkel-
blau, das andere knallrot.

Das war zu viel für Schmidtchen.
Noch nie hatte sie so große, schöne
Spinnennetze gesehen. Und die hatte
sie einfach übersehen, hatte nicht nach
links und rechts geschaut und war mitten im Netz gelandet. Hätte es sich nicht
um ein Kunstwerk gehandelt, wäre sie in
dem Netz gestorben.

„Oh Mann!", zitterte Schmidtchen noch
immer. „Ich hatte solche Angst!"

„Ich auch!", antwortete Sigrid.

„Um mein Leben!", ergänzte Schmidtchen.

„Und ich um meine Kunst!", antwortete Sigrid.

„Na!", versprach Schmidtchen. „Vor mir braucht deine
Kunst aber keine Angst zu haben. Ich liebe Kunst!" Sie räusperte sich und fügte hinzu: „Wenn ich sie erkenne!"

„So!", sagte Sigrid. „Bei mir ist es umgekehrt: Ich erkenne
Kunst, weil ich sie liebe!"

Ohne ein weiteres Wort zu verlieren, flog Schmidtchen
fort. Sie überlegte noch lange, wie die Spinne die letzte
Bemerkung wohl gemeint hatte.

Falsche Freunde

Irgendwo in einem schönen Rosenbeet in einer Stadt weit hinter dem Wald, dort, wo auch Menschen wohnen, saß Norbert, die Nacktschnecke. Norbert hatte Hunger. Großen Hunger. Trotzdem ließ er die ersten Blätter links liegen. Langsam kroch er den Stängel hinauf. Denn oben in der Nähe der Blüte warteten die zartesten Blätter, die man sich vorstellen konnte. Norbert lief schon das Wasser im Mund zusammen. Er brauchte lange, bis er an die Blüte gelangte. Aber der Weg hatte sich gelohnt. Sattsaftiggrün lockte das Rosenblatt. Norbert öffnete sein Maul und wollte gerade herzhaft zubeißen, als ihn eine innere Stimme warnte.

„Der Boden", warnte sie. „Sieh dir den Boden genau an!"

Norbert sah hinunter auf den Boden und erkannte die furchtbare Gefahr. Grüne Körner lagen in der feuchten, fruchtbaren Erde des Beetes.

Auf den ersten Blick sahen sie gar nicht so schlecht aus. Beinahe wie getrocknete Blätter in Pillenform. Aber das waren sie natürlich nicht. Die grünen Körner waren von Menschen gemacht. Menschen streuten kein Futter für Schnecken! Und so wusste Norbert wie alle Schnecken, was das für grüne Körner waren. Das pure Gift! Ein einziger Biss genügte und er würde auf der Stelle tot umkippen. Die Menschen nannten dieses Gift „Schneckenkorn", um ja keinen Zweifel aufkommen zu lassen, für wen das Gift gedacht war.

Alle Schnecken kannten dieses tödliche Zeug, und Norbert würde nicht im Traum daran denken, an den Körnern zu knabbern. Aber die Tücke dieser Körner lag tiefer verborgen: Die wahre Gefahr lauerte im Boden. In der feuchten Erde lösten sich die grünen Körner langsam auf und das Gift sickerte bis zu den Wurzeln der Pflanzen. Mit den Nährstoffen sogen die Wurzeln das Gift in sich auf. Den Pflanzen schadete es nicht. Sie transportierten es mit Wasser und Nährstoffen in ihre Blätter, wo es sich ablagerte. Aber von nun an besaß die Pflanze vergiftete Blätter.

Biss eine Schnecke ahnungslos in ein sattsaftiggrünes Blatt, so fraß sie das Gift mit, als hätte sie direkt in eines der Körnchen gebissen. Unvermeidlich stellte sich bald darauf der Tod ein.

Norbert spürte deutlich seinen Hunger. Doch er konnte nichts mehr essen. Weder die zarten Blätter oben an der Blüte noch die älteren, zähen unten am Stängel. Die Rose war vergiftet. Schrecklich knurrte ihm der Magen. Aber es gab nichts mehr zu fressen. Er musste gar nicht nachschauen, um sicher zu sein: Das gesamte, riesige, herrliche Rosenbeet, von dem er sich schon seit Wochen ernährte, war verseucht.

Andere Beete existierten nicht. Nicht auf dieser Seite der Straße.

Norbert hob seinen Kopf und streckte die Fühler aus. Durch die vorbeirasenden, riesenhaften Maschinen, die die Menschen Autos nannten, konnte er kaum etwas wahrnehmen, aber er wusste es: Auf der anderen Seite der Straße gab es Büsche. Und hinter diesen Büschen sollte es Beete geben.

Riesige, herrliche, duftende Blumenbeete. Das hatte er jedenfalls mal gehört.

Er war noch nie auf der anderen Seite gewesen. Er kannte auch keine andere Schnecke, die jemals dort drüben gewesen wäre. Viel zu lang und gefährlich war der Weg dorthin. Für eine Nacktschnecke.

Doch auf seiner Seite waren alle Pflanzen vergiftet.

Mut oder Tod, lautete die Wahl, die ihm geblieben war. Entweder er würde es wagen, die riesige Straße zu überqueren, oder er würde auf dieser Seite vor Hunger sterben.

Vorsichtig, noch langsamer, als Schnecken ohnehin schon sind, kroch er aus dem Beet heraus und sah sich ein letztes Mal um, bevor er den nackten Asphalt des Bürgersteigs berührte. Welch unangenehmes Gefühl! Rau scheuerte die Asphaltdecke an seiner Unterseite. Schon spürte er die Vibration der Straße, hervorgerufen von unzähligen Autos, die viel zu nah an ihm vorbeibrausten.

Die großen Füße der Menschen stampften an ihm vorbei, geschützt verschnürt in feste Verpackungen, gefertigt aus der ledernen Haut der von ihnen ermordeten Rinder; an der Unterseite mit dicken, gerillten Sohlen versehen, unter denen schon so mancher seiner Artgenossen platt wie ein Rosenblatt gequetscht worden war.

„Oh Gott, oh Gott! Das schaffe ich nie!", jammerte Norbert. So schnell er konnte, machte er sich auf den Weg. Aber so schnell er konnte, das war unendlich langsam. Er war eben nur eine Nacktschnecke, eine unendlich langsame, schleimspurschleichende Nacktschnecke.

„Weg dort! Platz da! Aus dem Weg!"

Norbert rollte sich erschrocken zusammen.

Hinter ihm schoss eine kleine schwarze Spinne aus dem Beet heraus. Sie raste an ihm vorbei und hatte nun beinahe die Kante des Bürgersteigs erreicht.

„Spinnst du?", rief sie ihm im Vorüberlaufen zu.

„Wieso ich?", wunderte sich Norbert. „Du bist doch die …"

„Beeilung, Beeilung", unterbrach ihn die Spinne. „Es ist gefährlich hier. Siehst du das nicht? Ich glaube, ich spinne!"

Norbert seufzte. Wie gern wäre er auch so schnell wie die Spinne gewesen. Dann müsste er nicht solche Angst haben, die Straße zu überqueren, sondern würde einfach blitzartig hinüberlaufen auf die andere Seite und …

Zlatsch!

Norbert hielt den Atem an.

Er hatte nicht mitbekommen, wie es geschehen war, so schnell war es gegangen. Jetzt lag die pfeilschnelle kleine Spinne als blutiger Matschfleck vor ihm. Ein Lederfuß mit dicker Sohle hatte sie getroffen!

Norberts Körper zog sich zusammen, seine Fühler zitterten. Panisch schaute er nach links und rechts, sah weitere große, stampfende Lederfüße auf sich zukommen. Fort von hier! Nur fort von hier!

Er zog seinen Körper zusammen, um ihn unmittelbar darauf wieder zu strecken. So konnte er sich fortbewegen. Nur so. Er war weder in der Lage zu laufen, weil er keine Beine besaß, noch konnte er sich ebenso schnell und geschickt schlängeln wie eine Schlange. Er war eine Schnecke und deshalb furchtbar schneckenlangsam.

So sehr sich Norbert auch mühte und quälte, es ging nicht flinker, als dass er seinen Körper zusammenzoooooooog und ihn wieder streeeeeeeeeckte, um wenige Zentimeter voooooooorwääääääärts zu gleeeeeiiiiiiiiiiiiiiiten, dann wieder den Körper zusammenzooooooooooog, ihn abermals streeeeeeeeeeckte …

„Weiter!", befahl er sich selbst und kämpfte sich Zentimeter für Zentimeter weiter vor.

Nach einer Stunde hatte er den Bürgersteig überquert und den Straßenrand erreicht.

Der Asphalt bebte, Motoren jaulten, es hupte, dröhnend rollten riesenhafte Reifen direkt an ihm vorbei. Rote Lichter flammten auf, erloschen wieder, es quietschte und röhrte, stank und qualmte, heulte und krachte, tuckerte und brummte. Der Weg auf die andere Seite führte durch die Hölle!

Aber Norbert kroch weiter. Nicht zurückblicken! Niemals zurück! Immer nur vorwärts. Vor ihm lag die Rettung: Beete, Nahrung, Ruhe. Weiter! Nicht stehen bleiben. Voran! Immer voran!!

Langsam. Sehr langsam. Und doch so schnell er konnte. Er spürte den bebenden, heißen Asphalt unter seinem Bauch. Es krachte und donnerte um ihn herum. Doch Norbert marschierte unermüdlich weiter; er hetzte, kroch, japste, hastete. Warum nur waren Schnecken so langsam? So furchtbar, entsetzlich schlurfschneckenlangsam?

Gleich hatte er es geschafft. Noch zwei Körperlängen. Das Paradies nahte.

Geschafft!

Er hatte die Hölle durchquert, um an diesen wunderbaren Ort zu gelangen.

Nie wieder würde er das Paradies verlassen.

All die Mühen und Qualen hatten sich gelohnt. Er war dem Tod entwischt, hatte alles riskiert und gewonnen. Er hatte es geschafft, die Straße zu überqueren, und würde sich nun an diesem neuen Ort niederlassen, an dem es keine Hungersnot mehr geben würde.

Nur noch eine Körperlänge war er vom Ziel entfernt, den sattsaftiggrün lockenden Büschen.

„Schau mal!"

Norbert sah ein paar Menschenfüße, die vor ihm stehen blieben. Sie waren kleiner als die meisten Menschenfüße, aber immer noch groß genug, um ihm gefährlich werden zu können. Er erschrak und kauerte sich zusammen.

„Eine Schnecke, Mami!"

„Lass sie, Kleines. Wir müssen über die Straße. Es ist grün!"

„Aber die Schnecke ist ganz allein hier, Mami. Jemand könnte auf sie treten oder sie könnte überfahren werden, wenn sie zur Straße kriecht!"

„Komm jetzt, Kleines!"

„Aber das ist gefährlich für die Schnecke, Mami!"

„Dann nimm sie mit, Kleines. Dort hinten ist ein Rosenbeet!"

Die Menschenfüße blieben nicht allein. Eine Menschenhand kam hinzu. Sie griff nach ihm. Norbert rollte sich zusammen.

Vergeblich.

Stummer Gesang

Irgendwo in einem Teich lebte Gerd, der Goldfisch. Er war zufrieden und vertrug sich gut mit den anderen Goldfischen. Es gab genug zu fressen, Karla blieb friedlich, eine andere Katze war hier noch nie gesehen geworden und auch Raubvögel waren selten. In Gerds Leben war noch nie etwas Aufregendes passiert – bis Walter auftauchte, der Wasserfrosch.

Walter lebte im Teich wie Gerd und die anderen Goldfische, wie die dreißig anderen Frösche, die Libellen, Schlammspringer, Teichmuscheln, Wasserläufer, Rückenschwimmer, Schildkröten, Bitterlinge und wie die tausend anderen kleineren und größeren Teichtiere.

An diesem Abend aber hatte Walter etwas mitzuteilen. Er setzte sich auf ein Seerosenblatt, riss sein Maul auf und quakte:

„Alle herhören!"

Alle hörten hin.

„In drei Tagen findet hier ein großer Gesangswettbewerb statt. Wer ihn gewinnt, wird Leiter des Froschchores!"

Der große Froschchor war berühmt. Jeden Abend in der Dämmerung leitete der Chor die Nacht ein. Es war eine große Ehre, diesen Chor leiten zu dürfen. Alle Tiere würden den Chorleiter bewundern. „Also, wer meldet sich an?", fragte Walter. Er hielt ein kleines Seerosenblatt in den Händen, auf das er die Teilnehmer notieren wollte.

Ente Eddy machte mit. Die Libelle Lisbeth auch. Die Rohrdommel Ramona meldete sich ebenso wie der Haubentaucher Herbert.

Und Gerd.

Walter hatte alle notiert und las noch einmal die Namen vor, die er aufgeschrieben hatte. Alle Namen. Außer Gerds.

Gerd hob seine Flosse, schlug mit dem Schwanz, dass das Wasser nur so spritzte, bis Walter ihn bemerkte.

„Du willst mitmachen?", quakte Walter.

Gerd nickte.

„Aber du bist ein Goldfisch!"

Gerd nickte.

„Dies ist ein Gesangswettbewerb!"

Gerd nickte.

„Fische sind stumm!", stellte Walter fest. „Und wer stumm ist, kann nicht singen. Wo gibt es denn so etwas?"

Alle lachten.

Außer Gerd.

Walter schloss die Liste. Die Versammlung löste sich auf. Noch drei Tage bis zum Gesangswettbewerb.

Ohne Gerd.

„Fische sind stumm!", schwirrte es durch seine Gedanken. So etwas Blödes!

Sogar Thea, die Teichmuschel, hatte sich noch schnell auf die Liste setzen lassen. Das Klappern mit ihren Schalen wurde als Gesang anerkannt.

Nur Gerd durfte nicht mitmachen, denn Fische sind stumm.

Warum sind Fische stumm?, fragte er sich und schwamm durch den Teich, wie er immer durch den Teich schwamm: im Kreis.

Zuerst kam er an Eddy vorbei. Die Ente stand am Ufer, schnatterte, schlug mit den Flügeln und übte den Ententanz. Eddy zweifelte nicht eine Sekunde daran, wer den Wettbewerb gewinnen würde. Er übte sogar schon die Verbeugung für die Siegerehrung. Als er sich gerade ganz tief hinunterbeugte, sah er Gerd.

„Mach dir keine Sorgen!", versuchte Eddy ihn aufzumuntern. „Wenn ich gewinne und Leiter des Froschchores werde, gibt es Extraportionen Fischfutter für alle Goldfische!"

Schön, schön, dachte Gerd. Aber seine Stimmung wurde nicht besser. Fische sind stumm. Wie blöd! Er schwamm weiter und bemerkte, wie Lisbeth ihre Kreise über ihm zog. Das tiefe Brummen ihrer Flügel war weithin zu hören. Die Libelle probierte, aus dem Flügelschlag einen Rhythmus und eine Melodie zu entwickeln, wie man sie noch nie gehört hatte.

„Ich werde eine völlig neuartige Musik schaffen", versprach sie. „Einzigartig. Ein neuer Trend. Verrate bloß niemandem etwas. Absolut geheim!"

Gerd hatte gar nicht vorgehabt, jemandem etwas zu sagen. Wie auch? Er war ja stumm. Fische sind stumm. Wie blöd!

Er schwamm weiter.

Bei Teichmuschel Thea anzuhalten, sparte er sich. Wenn er doch auch nur Schalen zum Klappern hätte! Hatte er aber nicht. Nur weiche Flossen, die keine Geräusche machten. Erst recht keinen Gesang. Ganz anders als die Vögel etwa. Die konnten singen! Gerd mochte den Gesang der Vögel, sogar den, der unter den Vögeln selbst verpönt war. Wie der Gesang der Rohrdommel zum Beispiel.

„Das ist kein Gesang, das ist ein Nebelhorn!", piepsten die Amseln vergnügt.

Doch das dumpfe Tuten der Rohrdommel beruhigte so schön, fand Gerd.

Oft schaute er mit dem Kopf aus dem Wasser, um dem tiefen Ton der Rohrdommel zu lauschen. So wie jetzt. Zwischen den Schilfrohren stand Ramona und tutete vor sich hin, um herauszufinden, wie sie sich den Sieg des Wettbewerbs wohl zusammentuten könnte.

„Von Tuten und Blasen keine Ahnung!", krächzte Herbert, der Haubentaucher.

Aber Ramona schenkte ihm keine Beachtung. Unermüdlich tutete sie weiter.

Gerd gefiel es. Ihm gefiel auch Herberts Krächzen, ebenso wie Theas Klappern, Lisbeths Brummen und Eddys Schnattern. Gerd wäre glücklich gewesen, wenn er nur zu einem dieser wunderbaren Gesänge fähig gewesen wäre.

Doch Gerd war stumm. Wie blöd!

Zwei Tage lang schwamm Gerd so im Kreis, von Station zu Station, hörte den anderen beim Üben zu und bemerkte, wie sehr sie sich immer mehr verbesserten.

Nur er blieb stumm.

Ganz und gar stumm.

Wie blöd!

Man sah ihm an, wie traurig er war.

Aber mit einem Male hatte er die Lösung!

Pfeilschnell schoss er plötzlich durchs Wasser wie ein Stichling, sauste zum Ufer, an dem Eddy gerade versuchte den Ententanz auf nur einem Bein zu tanzen.

Denn Eddy hatte ihn vor zwei Tagen getröstet, Gerd solle sich keine Sorgen machen.

„Woher wusstest du, dass ich mir Sorgen mache?", fragte Gerd.

Eddy unterbrach kurz seinen Tanz. So sehr verblüffte ihn die Frage. „Also so etwas!", schnatterte er. „Das sieht man dir doch an!"

„Danke!", antwortete Gerd und schoss wieder durchs Wasser. Zu Lisbeth.

„Weshalb sollte ich nichts verraten?", fragte Gerd.

Auch Lisbeth war über die Frage erstaunt. Sie vergaß das Schlagen mit den Flügeln und stürzte ab. Kurz bevor sie ins Wasser platschte, fing sie sich ab. „Weil mein Gesang geheim bleiben soll!", antwortete Lisbeth.

„Aber ich bin stumm. Wie sollte ich etwas verraten?", setzte Gerd nach.

„Natürlich bist du stumm!", bestätigte Lisbeth. „Was denkst du denn? Du bist ein Fisch! Alle Fische sind stumm!"

„Danke!", rief Gerd und sauste davon.

Weshalb war er so aufgeregt? Lisbeth konnte ihn nicht mehr fragen. Er war schon weitergeschwommen: erst zu Thea, dann zu Walter, Herbert und Ramona.

Am dritten Tag nach der Ankündigung kamen am frühen Abend alle Tiere aus dem Teich und der Umgebung zusammen. Das Wasser des Teiches war kaum noch zu sehen, so voll war es. Der Gesangswettbewerb konnte beginnen! Walter und die anderen dreißig Frösche hatten eine kreisrunde Absperrung aus Seerosen gebaut. Inmitten des Kreises lag die Riesenschildkröte Ricarda auf einem flachen Stein. Ihr großer Panzer bildete die Bühne. Glühwürmchen sorgten für die stimmungsvolle Beleuchtung, die für so ein Konzert unbedingt nötig war.

Walter hielt sich nicht lange mit einer Einleitungsrede auf. Er kam sofort zur Sache und damit zum ersten Wettbewerbsteilnehmer: Eddy, die Ente.

Eddy machte seine Sache gut. Trotzdem waren die Meinungen geteilt.

„Wunderbar!", schwärmte ein Teichmolch. „Ganz wunderbar! Dieses Geflatter. Einzigartig!"

Darüber konnte eine Stechmücke nur schmunzeln. „Geflatter nennst du das? Das ist doch eine lahme Ente! Kriegt die

Flügel kaum hoch! Peinlich!" Bevor der Molch etwas entgegnen konnte, surrte die Mücke ab, um sich bei Eddy auf dem Schnabel niederzulassen. Mitten im Gesang musste Eddy deshalb niesen. Das Publikum lachte und Eddys Chancen auf den Sieg waren verflogen.

„Unverschämt!", schnatterte er. „Ungerecht!"

Doch Walter ließ sich nicht beirren, schubste Eddy von der Schildkröte und rief die Nächste auf: Lisbeth, die Libelle.

Sie gab ihr Bestes. Sie war wirklich gut. Und sie hielt, was sie versprochen hatte. Sie bot eine völlig neue, so nie da gewesene Art der Musik. Leider konnte niemand mit einer so neuartigen Musik etwas anfangen.

„Was ist das denn?", muffelte eine Posthornschnecke. „Das dröhnt ja in den Ohren!"

„Du hast doch gar keine!", stellte ein Rückenschwimmer fest.

„Na, umso besser!", muffelte die Posthornschnecke weiter.

Lisbeth fiel mit Pauken und Trompeten durch. Aber sie nahm ihre Niederlage gelassen. „Ich bin halt der Zeit voraus", bekannte sie und brummte davon.

Nacheinander schieden Ramona und Herbert aus. Weder das Getute noch Herberts Gekrächze konnte das Publikum überzeugen.

Blieb nur noch Thea, die Teichmuschel.

Thea machte ihre Sache wunderbar. Sie hatte sich auf spanische Musik spezialisiert und klapperte wie Kastagnietten im feurigen Rhythmus. Das Publikum war sehr angetan und applaudierte heftig.

Damit war die Sache klar. Thea würde als Siegerin aus dem Wettbewerb hervorgehen.

Doch plötzlich tat sich etwas.

Mit einem mächtigen Sprung aus dem Wasser landete Gerd auf Ricardas Rücken.

„Gerd!", riefen alle wie aus einem Maul.

Gerd sagte nichts. Wie auch. Er war ja stumm. Aber er blickte hinunter ins Publikum. Und alle verstanden: Gerd wollte singen.

Walter ließ ihn gewähren. Was sollte noch Schlimmeres kommen als Ramonas Tuten und Herberts Krächzen?

„Als letzter Teilnehmer …", begann Walter zu rufen. „… gewissermaßen in letzter Sekunde angemeldet … äh … Gerd, der Goldfisch, der … äh … uns …"

Walter brach ab, rückte an Gerd heran. „Was singst du?", flüsterte er.

Walter schaute Gerd in die Augen, fand, dass sie ängstlich aussahen, und rief in die Menge: „Gefühlsballaden!"

Walter hatte den Kern der Sache getroffen.

Das Publikum verstummte.

Die Sonne ging unter. Ihr roter Ball am Horizont ließ den Teich in einem wunderschönen Dämmerlicht erscheinen. Die Glühwürmchen stellten ihr Leuchten ein und Gerd blickte ins Publikum. Er stellte sich etwas Trauriges vor. Etwas unglaublich, unvorstellbar Trauriges. Entsprechend veränderte sich sein Gesichtsausdruck, sein ganzes Wesen.

Gerd war so traurig, wie es noch nie vor ihm jemand gewesen war.

Das Publikum sah zu Gerd hinauf. Niemand hörte etwas. Der Teich war still. Totenstill. Nicht einmal das Schilf rauschte. Niemals zuvor war es am Teich so grabesstill gewesen.

In die Stille hinein begann plötzlich jemand zu schluchzen. Es war einer der Schlammspringer, den die traurige Stimmung überwältigte. Er musste einfach weinen. Da konnten auch die Schnecken nicht mehr an sich halten und weinten und schluchzten ebenfalls. Plötzlich weinten sie alle: die Muscheln und Enten, die Frösche und Wasserläufer, die Mücken und Libellen, sogar die großen Schwäne, die zu Besuch waren, und selbst die Fische.

Alle weinten und schluchzten. Außer Gerd.

Gerd sah, wie sehr sein Auftritt wirkte. Das freute ihn so sehr, dass ihm ganz warm ums Herz wurde. Er lachte. Er war so fröhlich und gut gelaunt wie nie zuvor in seinem Leben.

Die Glühwürmchen sahen das zuerst. Sofort stiegen sie auf Gerds Stimmung ein und begannen fröhlich zu blinken. Der Rhythmus des Blinkens passte gut zu seinem Ententanz, fand Eddy, und er begann zu tanzen. Davon ließen sich die Muscheln anstecken und klapperten begeistert mit. Die Mücken summten und die Libellen brummten, und im Nu tanzten, lachten und sangen alle Tiere des Teiches in ausgelassener Stimmung, so als wäre Karneval!

Gerd verbeugte sich und das Publikum raste vor Begeisterung.

Für Walter keine Frage: „Sieger des Wettbewerbes ist Gerd mit seinen stummen Gefühlsballaden!", rief er. Er wollte noch etwas sagen, aber das ging in den Begeisterungsstürmen unter.

Auch der Froschchor war zufrieden. Von nun an konnten sie weiterhin allein singen. Aber Gerd, der Goldfisch, würde ihrem allabendlichen Gesang so viel Gefühl verleihen, wie sie selbst es noch nie geschafft hatten.

Schon am nächsten Abend war die Vorstellung des Froschchores bis auf den letzten Uferplatz ausverkauft.

Und es dauerte nicht lange, da kamen Zuhörer aus allen Teichen von weit her, um den Froschchor mit Gerds stummem Gesang zu hören.

Und wer ganz still ist, der kann Gerds stummen Gesang bis in sein Herz hinein hören.

Erkenntnis

Irgendwo in einem Hafen, weit von Karlas Stadt entfernt, saß Milva, die Möwe, auf einem Stein. So nah am Wasser, dass ihre Füße beinahe nass wurden. Von hier hatte sie einen guten Blick übers Wasser.

Leider nützte ihr das nichts. Sie hätte ins Wasser schauen müssen, was von ihrem Standort aus aber nicht möglich war. Und so konnte sie auch keine Fische ausspähen, um im richtigen Moment zuzustoßen und sich einen zu schnappen. Dabei hatte Milva Hunger. Großen Hunger sogar.

Anders ihre Artgenossen. Laut kreischend zogen sie ihre Kreise übers Wasser, ließen sich keine Bewegung an der Wasseroberfläche entgehen, schossen im richtigen Moment hinab, pickten sich die fettesten Fische aus dem Hafenbecken und zogen ab, um sie irgendwo an einem ruhigen Plätzchen zu verschlingen.

„Ach", seufzte Milva. Wie gern hätte sie das auch getan! Sie war so hungrig!

Ein kleiner, frecher Spatz kam herbeigehüpft.

„Hallo, ich bin Sperling, der Spatz!"

„Hallo!", antwortete Milva müde. „Milva, die Möwe."

„Warum sitzt du hier?", fragte Sperling.

„Nur so!", sagte Milva.

„Schon satt?", fragte Sperling. Er sah, wie die anderen Möwen sich kreischend um die fetteste Beute stritten.

„Im Gegenteil", gab Milva zu. „Ich bin so hungrig wie schon lange nicht mehr!"

Sperling sah zu den kreisenden Möwen am Himmel, dann wieder zu Milva. Er konnte nichts Besonderes an Milva erkennen: keine Verletzung, sie war nicht von schwächerer Natur, nichts. Es gab keinen Grund dafür, dass Milva nicht auch Fische fing.

Milva bemerke, dass Sperling stutzig wurde.

„Ich habe Flugangst!", bekannte sie.

Sperling gaffte sie an. „Flugangst?"

Milva nickte.

Sperling machte eine kurze Pause, ehe er nachhakte: „Aber du bist ein Vogel!"

Milva nickte. „Das ist das Problem!"

Das war es in der Tat. Vögel flogen. Das wusste jeder. Wie konnte es einen Vogel mit Flugangst geben?

Doch Sperling, so klein und jung er auch war, hatte schon vieles gesehen. Er dachte einen Augenblick nach. Dann sagte er: „Kenne ich!"

Jetzt war Milva verblüfft. „Du kennst es? Hast du etwa auch Flugangst?"

Sperling schüttelte den Kopf. „Nein! Aber es gibt noch andere Vögel, die nicht fliegen!"

Davon hatte Milva noch nie etwas gehört. Seit sie denken konnte, hockte sie hier im Hafen. Jeder Flug war für sie die Hölle. Das tägliche Fressen eine Qual. Es gab kein Fressen, ohne vorher zu fliegen. Zum ersten Mal hörte sie nun, dass es offenbar nicht nur ihr so erging.

„Wo sind diese Vögel, die nicht fliegen?", fragte sie aufgeregt.

„Ich zeig sie dir!", versprach Sperling.

Um ihm zu folgen, musste Milva ein Stückchen fliegen. Es war furchtbar, doch sie hielt durch, um die ihr unbekannten Vögel kennen zu lernen.

Sie landeten in einem kleinen Hinterhof.

Milva taumelte. Ihr war ein wenig übel. Staunend sah sie auf die seltsamen Vögel, die dort über den Hof liefen.

„Das sind Hühner!", erklärte Sperling. „Sie können nicht fliegen, rennen den ganzen Tag hier herum und picken Körner auf."

„Toll!", fand Milva. Den ganzen Tag laufen und fressen, ohne ein einziges Mal fliegen zu müssen. Sogleich begann sie es den Hühner nachzumachen.

Schon nach dem dritten Versuch tat ihr der Schnabel weh, ohne dass sie auch nur ein einziges Korn in den Magen bekommen hätte. Mit ihrem dicken Krummschnabel gelang es ihr nicht, die klitzekleinen Körnchen vom Boden aufzupicken. Jedes Mal stieß sie sich schmerzhaft die Nase.

„Es geht nicht!", jammerte sie.

„Nein, es geht nicht", stellte auch Sperling fest. „Aber das macht nichts!" Er hatte gleich eine neue Idee. „Ich kenne noch andere Vögel, die nicht fliegen können!"

„Und was fressen die?", fragte Milva skeptisch.

„Fische!", versprach Sperling.

„Mann!", schimpfte Milva. „Hättest du das nicht gleich sagen können?"

Sperling zuckte mit den Flügeln. „Hatte ich vergessen. Schließlich hab ich nur ein Spatzenhirn!"

Wieder flog Sperling voran. Milva eierte hinterher. Sie bemühte sich, während des Fluges nicht hinunterzuschauen. Die Höhe beim Flug machte ihr zu schaffen.

Sie überflogen ein großes Schild, auf dem *Tierpark* geschrieben stand, und landeten an einem kleinen Teich mit außerordentlich kaltem Wasser. Milva gefiel es hier sofort.

„Wo sind die Vögel?", fragte sie.

„Dort!"

„Das sind Vögel?", wunderte sich Milva.

Sie sah kleine, schwarze, lustig aussehende Gestalten mit weißen Bäuchen, die unbeholfen die Felsen hinaufwatschelten, um sich von dort oben per Kopfsprung ins Wasser zu stürzen. Im Wasser schossen sie schnell wie Pfeile hin und her und pickten sich die Fische heraus. Aber keines dieser seltsamen Wesen konnte fliegen.

Milva fasste sich ein Herz, reihte sich bei den lustigen Gestalten ein, sprang vom Felsen kopfüber ins Wasser – und bekam keine Luft mehr!

Sie trudelte durchs Wasser, flatterte hilflos mit den Flügeln, sah nichts vor lauter Schaum und Sprudel, riss den Kopf hoch, schnappte wild nach Luft und musste fliegen, um diesem furchtbaren Nass zu entkommen. Fliegen!

„Es klappt nicht!", jammerte Milva. „Ich kann nicht tauchen!"

„In der Tat, das kannst du nicht", musste auch Sperling einsehen. „Du bist eben eine Möwe und kein Pinguin!"

Sperling fielen noch andere Vögel ein, die nicht fliegen konnten. Nur wenige kurze Wege von den Pinguinen entfernt lebten zum Beispiel einige Straußenvögel in einem Gehege. Doch Sperling ahnte schon, dass auch dort kein Platz für Milva war. Für die Strauße und Emus war Milva viel zu klein und so schnell laufen wie sie konnte sie auch nicht.

„Eine Idee habe ich noch!", fiel Sperling schließlich ein.

Milva nickte müde. Sie hatte schon jede Hoffnung verloren, eine Gemeinschaft zu finden, in der sie gut aufgehoben war. Dennoch folgte sie Sperling.

Erstaunlicherweise landete Sperling mit ihr wieder im Hafen.

„Was soll ich hier?", fragte Milva.

„Fisch essen!", antwortete Sperling.

Bevor Milva etwas einwenden konnte, schüttelte Sperling den Kopf. „Nicht wie die anderen. Du musst die Fische nicht fangen! Es gibt noch viel schrägere Vögel, die nicht fliegen und trotzdem Fische fangen können!"

Sperlings Blick wanderte von den kreisenden Möwen zu einem kleinen Fischerboot, das gerade ins Hafenbecken einlief.

„Die Menschen!", rief Milva.

Sperling nickte. „Jeden Tag kommt das Boot und bringt Fisch. Geh einfach hin und lass dich füttern!", schlug Sperling vor.

Milva zögerte. Mit den Menschen wollte sie eigentlich nichts zu tun haben. Aber was blieb ihr übrig?

So hopste Milva zu dem Fischerboot, setzte sich auf

die Reeling und wartete einen Augenblick ab. Tatsächlich lächelte sie ein alter Fischer an und warf ihr ein Stückchen Fisch zu.

„Super!", freute sich Sperling. „Sag ich doch. Es funktioniert. Es funktioniert!"

Doch Milva sah gar nicht glücklich aus.

„Was hast du?", fragte Sperling.

Milva verzog das Gesicht. Sie sah ganz und gar elend aus.

„Ich habe gerade etwas entdeckt", sagte Milva.

„Was?", fragte Sperling.

„Ich mag keinen Fisch!"

Störenfriede

Irgendwo am Teich, gleich hinter Hektors Haus, ganz in der Nähe von Goldfisch Gerds Lieblingsstelle, hatte die adlige Pudeldame Porcella von Pomperdu es sich sehr gemütlich gemacht. Ihr kleiner, aber pompöser Palast war mit dicken Teppichen ausgelegt und mit antiken Möbeln eingerichtet. Porcella von Pomperdu liebte es, in ihrem feinen Wintergarten täglich um Punkt 17.00 Uhr ihren Tee einzunehmen und die Ruhe zu genießen. Eine Ruhe, die an diesem Tag jäh gestört wurde.

Plötzlich grunzte und rülpste es, es quiekte und kreischte von außen durchs feine Tiffanyglas des Wintergartens.

Porcella sprang auf und sah entsetzt, was sich direkt hinter ihrem weißen Gartenzaun mit den goldenen Eckpfeilern abspielte. Sie bekam neue Nachbarn!

Schon immer hatte sich Porcella geärgert, dass ihr Palast auf der linken Seite viel zu nah am Nachbargrundstück gebaut war. Glücklicherweise stand das Haus nebenan seit Jahren leer und fiel allmählich in sich zusammen.

Doch jetzt war Schluss mit der Ruhe. Neue Nachbarn zogen ein. Und was für welche! Eine ältere Hundedame hätte Porcella sich ja noch gefallen lassen, vielleicht sogar ein Ehepaar, bestenfalls noch einen alten, gebrechlichen alleinstehenden Hund, wenn er zumindest adlig gewesen wäre. Aber niemand dergleichen schleppte dort gerade sein Sack und Pack in das baufällige alte Häuschen. Es war – Porcella mochte das Wort nicht einmal denken – ein Wildschwein mit seiner Familie! Vater Eber, Mutter Sau und vier gestreifte Frischlinge.

Wie die aussahen!

Wie die rochen!

Wie die lärmten!

Der Eber rülpste, die Sau grunzte und die Frischlinge suhlten sich im Dreck. Schon an ihrem Hab und Gut erkannte Porcella, dass die Nachbarschaft eine Katastrophe werden würde: Grill, Trinkfässer, Musikinstrumente! Die wollten hier nicht wohnen, die wollten Krawall!

Porcella griff sofort zum Telefon, um sich beim Vermieter zu beschweren. Gerade noch fiel ihr ein, dass es keinen Vermieter gab. Das Haus gehörte ihr und das baufällige Haus nebenan hatte auch zum Verkauf gestanden. Sie beide waren Hausbesitzer, sie und das Wildschwein. Natürlich auf höchst unterschiedlichem Niveau, aber eben Besitzer. Kein Hausmeister, kein Vermieter, keine Verwaltung, bei der man sich hätte beschweren können, weit und breit.

Dementsprechend nahm das Unheil sogleich seinen Lauf. Noch nicht einmal richtig ausgepackt hatten die Schweine, als der Krawall begann. Der Eber warf den Grill an, die Sau schleppte alles heran, was niedere Wesen für essbar hielten, ein Frischling knallte unentwegt einen Ball an die Hauswand, der zweite blies auf einer Trompete, der dritte jagte den vierten durch den Garten, wobei beide aufgeregt kreischten und quietschten!

Niemals! Niemals würde Porcella von Pomperdu diesen Lärm über sich ergehen lassen!

Sie raste hinaus in den Garten und machte etwas, was sie seit Jahrzehnten nicht mehr getan hatte: Sie kläffte wie ein Hund!

„Ruhe!", bellte sie und stellte fest, wie kraftlos ihre Stimme in all den Jahren geworden war. Erst nach drei Versuchen brachte sie eine halbwegs furchteinflößende Stimme zustande. „RUHE! Ich verbitte mir diesen Lärm! Hier ist keine Krawallgegend! Hier ist kein Bolzplatz! In dieser Gegend herrscht RUHE. Absolute RUHE!"

Porcella genoss die verdutzten Gesichter ihrer schweinischen Nachbarn, und noch ehe die ein Wort herausbrachten, tippelte sie schnell wieder hinein in den Wintergarten, um zu beobachten, was weiter geschah.

Doch es geschah nichts. Alle hatten ihre Tätigkeiten abrupt eingestellt. Vater Eber hatte aufgehört das Feuer anzufachen. Mutter Sau ließ die Fressalien fallen, der Ball kullerte achtlos in ein Gebüsch, die Trompete verstummte, die beiden raufenden Minischweine hörten auf zu spielen.

„Na also!", stellte Porcella zufrieden fest. „Es geht doch!"

Und es blieb ruhig. Die nächste Stunde, den ganzen Abend, die Nacht und den darauf folgenden Tag. Ruhe, Ruhe, Ruhe!

Es dämmerte bereits, als Porcella begann unruhig zu werden. Was war mit den neuen Nachbarn los? Hatten sie sich bereits nach dem ersten Tag verzogen?

Ihr sollte es recht sein.

Zufrieden nahm Porcella ihren Tee, sah sich noch kurz eine Kultursendung im Fernsehen an, las ein altes Buch und begab sich früh zu Bett.

Sie war gerade eingeschlafen, als sie etwas Seltsames träumte. Sie träumte von einem Geruch, wie sie ihn seit ihrer Kindheit nicht mehr wahrgenommen hatte. Es war der Duft von zartestem Fleisch, mariniert in einer Soße aus exotischen Früchten. In den guten alten Zeiten gab es manchmal zu festlichen Anlässen ein solch feines Fressen. Wieso träumte sie ausgerechnet jetzt von diesem Duft ihrer Kindheit? Vor lauter Verwunderung wachte Porcella auf. Der Geruch blieb.

„Also so etwas!", sagte sich Porcella. Sie hatte überhaupt nicht geträumt. Der Duft strömte von außen durchs Schlafzimmerfenster herein. Sie stand auf, sah zum Fenster hinaus, doch draußen war alles dunkel und still. Der Duft musste von weit her kommen.

Es war so seltsam, dass Porcella sich unmöglich einfach wieder ins Bett legen konnte. Sie zog rasch die rosa Hundedecke über und schlich hinaus auf die Straße. Mitten in der Nacht. Das hatte sie auch schon lange nicht mehr getan.

Drei Straßen weiter entdeckte sie endlich die Ursache für den feinen Duft. Er stammte vom Grill des Imbisses, den Porcella bisher immer gemieden hatte.

Zögerlich ging sie auf den Imbiss zu und fragte Volker, den Vielfraß, der den Imbiss betrieb, woher der liebliche Duft des zarten Filets kam. Bislang hatte seine Bude nur nach altem Fett und zähen, zu stark gewürzten Fleischbatzen gestunken.

„Wilfried, das neue Wildschwein aus der Nachbarschaft, hat heute hier gegrillt und mir das Rezept dagelassen. So würde mein Geschäft besser laufen, meinte er."

Volker zeigte auf die Tiere, die die Straße entlangkamen und zielgerichtet auf seine Bude zusteuerten. „Ich glaube, er hatte Recht!"

Selbst Porcella kaufte eine Mitternachtsportion, ehe sie sich schnell wieder auf den Heimweg machte. Es schickte sich nicht, sich als alte, alleinstehende Dame nachts auf der Straße herumzutreiben, glaubte sie.

Doch nur eine Straße weiter blieb sie erneut stehen. Diesmal war es nicht etwa ein Geruch, der sie erstaunt innehalten ließ, sondern ein Klang. Von irgendwo drang so feine und schöne Musik an ihre Ohren, dass Porcella einfach wissen musste, woher sie kam. Solch einen feinsinnigen Musikliebhaber vermisste sie schon lange in der Nachbarschaft. Porcella folgte der Musik und musste wiederum nicht lange suchen. Schon in der nächsten Seitenstraße entdeckte sie das offene Fenster, aus dem die Musik kam.

Obwohl es alles andere als vornehm war, wagte Porcella es, sich an der Hauswand aufrecht zu stellen und durch das offene Fenster zu schielen. Drinnen saß ein Ohrwurm vor großen Lautsprechern, hatte die Augen geschlossen und lauschte der himmlischen Musik aus seinem CD-Player.

Leider musste Porcella im unpassenden Moment niesen. Der Ohrwurm entdeckte sie, was Porcella in höchstem Maße peinlich war. Man schielte nicht nachts durch fremde Fenster. Doch der Ohrwurm nahm es ihr nicht krumm. Im Gegenteil, er freute sich, dass Porcella die Musik ebenso gefiel wie ihm.

„Ist es nicht eine außergewöhnlich gelungene Version von Verdis Triumphmarsch?", fragte er und Porcella war sehr angetan von seiner angenehmen Stimme.

„Ja!", hauchte sie. „Wo haben Sie diese fantastische Aufnahme her?"

„Es ist das Schulorchester von Fritz und Fratz, zweien der vier Frischlinge der neuen Nachbarn. Man sollte es nicht für möglich halten, nicht wahr? Ein Schulorchester, und solch ein Niveau!"

Da war auch Porcella sprachlos.

Wie sehr hatte sie sich doch in ihren neuen Nachbarn getäuscht! Gleich jetzt wollte sie die neuen Nachbarn aufsuchen und sich für ihren unmöglichen Auftritt entschuldigen. So etwas duldete keinen Aufschub. Und so lief sie los, die Straßen entlang, hinüber zu den neuen Nachbarn, an deren Tür sie Sturm klingelte. Sofort und ohne Umschweife musste sie ihre ungerechte Beurteilung aus der Welt schaffen! Es dauerte einen Moment, ehe Wilfried Wildschwein die Tür öffnete.

„Ach, Sie kochen so fein", sprudelte Porcella los, ohne sich mit einer Begrüßung aufzuhalten. „Sie machen so herrliche Musik. Bitte, lassen Sie sich durch mich nicht stören. Grillen und musizieren Sie, so viel Sie wollen. Jeden Abend, wenn Sie wollen. Oder nachts. Am besten, Sie fangen sofort damit an!"

„Geht es Ihnen nicht gut?", blaffte das Wildschwein sie

an. „Wir haben einen langen Tag hinter uns, jetzt Feierabend und schon lange geschlafen. Meinen Sie nicht, wir hätten ein Recht auf Ruhe?"

Mit diesen Worten knallte er Porcella die Tür vor der Nase zu.

Von drinnen hörte Porcella Mutter Sau fragen: „Wer war an der Tür?"

Und Wilfried antwortete: „Irgend so ein Störenfried von nebenan!"

Papierwelt

Irgendwo am Rande des Feldes hinter Hektors Haus wohnte Herbert, der Hase. Fleißig hegte und pflegte er Tag für Tag seinen Bau. Richtig stolz war er auf sein Zuhause; aber auch ängstlich, es eines Tages verlieren zu können. Zwar war ihm noch nie etwas passiert, aber man hörte ja immer wieder von schlimmen Dingen. Schon sein Großvater Hugo und sein Vater Helmut waren ständig von der Angst befallen gewesen, jemand könnte ihren Bau zerstören. Von gefährlichen Legenden und Geschichten hatten sie zu erzählen gewusst. Oft hatte der kleine Hase Herbert damals nachts nicht einschlafen können. So sehr hatte er sich gefürchtet. Die Kaninchenkinder aus der Nachbarschaft hatten ihn gehänselt und „Hasenfuß" genannt; als ob das eine Beleidigung wäre – für einen Hasen. Was wussten Kaninchen schon von einem schönen Hasenbau? Nur Hektor, der ehemalige Wachhund, hatte Verständnis gezeigt. Der wusste eben, welche Gefahren in der Stadt lauerten.

Auch heute noch gab es Zeiten, in denen Herbert seinen Bau nicht verließ vor lauter Angst, es könnte etwas passieren. Mal sah er hinauf zu dunklen Wolken und fürchtete eine Überschwemmung. Hatte es über Wochen nicht geregnet, so bildete er sich ein, sein Bau könnte durch die Trockenheit zu bröckeln beginnen und einstürzen. Ein richtiger Angsthase war Herbert, wenn es um seinen Bau ging. Gräben und

Tunnel hatte er gegraben gegen Überschwemmungen, von Hektor Alarmanlagen einbauen lassen, und von der Decke hingen Blätter, an denen Herbert ablesen konnte, ob es in seinem Bau nicht zu trocken wurde.

Gegen alles hatte er sich abgesichert, das seinem Bau schaden könnte.

Gegen fast alles.

Eine Gefahr lauerte noch, an die selbst Herbert nicht gedacht hatte. Es war Siegfried, der Schäferhund, der ihn darauf hinwies.

Eines Morgens kreuzte er einfach so auf, bellte einmal kurz, legte sich vor den Bau und rief hinein: „Hallo, Angsthase. Ist das dein Bau?"

„Ja, natürlich!", antwortete Herbert von innen. Er traute sich nicht heraus. Ein so großer Hund vor seinem Bau bedeutete vielleicht eine Gefahr! Siegfried war neu in der Stadt und noch niemand kannte ihn so recht. Security Siegfried nannte er sich, aber Herbert wusste nicht, was das bedeuten sollte.

„Bist du sicher, dass das dein Bau ist?", hakte Siegfried nach.

„Na hör mal!", entrüstete sich Herbert, huschte in seinem Bau trotzdem ein wenig zurück und duckte sich. „Selbstverständlich bin ich mir sicher!"

„Kannst du es beweisen?", wollte Siegfried wissen.

Herbert wurde still.

Beweisen? Was sollte das bedeuten? Schon viele Jahre lebte er in diesem Bau. Alle in der Gegend wussten das. Was gab es da zu beweisen?

„Nun!", begann Siegfried. „Was ist, wenn du ausgehst, und bei deiner Rückkehr sitzt plötzlich eine fette Schlange in deinem Bau, die behauptet, es wäre ihrer?"

„Was?", posaunte Herbert los und steckte sogar für einen kurzen Moment seinen Kopf aus dem Bau heraus. „Eine Schlange?"

„Zum Beispiel!", sagte Siegfried. „Was willst du dann tun? Du kannst nicht beweisen, dass der Bau dir gehört!"

Herbert fühlte sich wie gelähmt bei dem Gedanken,

eine Schlange könnte sich in seinem Bau breit machen. Vor Schlangen hatten selbst die frechen Kaninchen Angst. Seit wann gab es Schlangen in der Gegend? Er hatte nicht die geringsten Vorkehrungen gegen Schlangen getroffen!

„Wie soll ich es denn beweisen?", fragte er unsicher.

„Ich könnte es für dich beweisen!", behauptete der Schäferhund. „Ich stelle dir ein Papier aus. Darauf steht, dass der Bau dir gehört. Besiegelt mit dem Stempel meiner Pfote! Willst du das?"

„Ja, ja, ja!", rief Herbert, wenn es nur gegen Schlangen half! Und so besiegelten sie es.

Voller Stolz hängte Herbert das Papier an einen Stamm vor seiner Haustür, damit alle – und vor allem die Schlangen – den Beweis sehen konnten: Das hier war sein Bau, bestätigt durch die Pfote des Schäferhundes! Nun war er wirklich gegen jede Gefahr abgesichert.

Stolz zeigte er das Papier gleich seinem Nachbarn Manfred, dem Maulwurf. Manfred putzte seine Brille und ging sehr nah an das Papier heran. Buchstabe für Buchstabe entzifferte er es.

„Was sagst du?", fragte Herbert ungeduldig nach.

„Moment!", bat Manfred.

Herbert hoppelte dreimal um Manfred herum. Dann fragte er wieder: „Und? Was sagst du?"

„Moment! Wie heißt dieses zweite Wort?"

Herbert legte die Löffel an, stupste Manfred hastig beiseite. Er hatte jegliche Geduld verloren und las Manfred das Papier einfach vor.

„Wofür soll das gut sein?", wollte Manfred schließlich wissen.

Herbert erklärte es ihm.

„Schlangen?", wunderte sich Manfred, der Maulwurf. Er hatte noch nie von Schlangen in der Gegend gehört. Aber er wusste, mit Schlangen war nicht zu spaßen. Da war es vielleicht gar nicht verkehrt, sich mit solch einem Sicherheitspapier vor einer eventuellen Eroberung durch Schlangen zu schützen. Zu lange hatte er an den unterirdischen Gängen seines Baus gegraben, als dass er ihn einfach so verlieren wollte. Auch er konnte nicht beweisen, dass es wirklich sein eigener Bau war. Schnell ging er zu Siegfried und ließ sich ein Papier ausstellen.

Nachdem er es sorgfältig auf ein Stöckchen gespießt und in den Hügel gesteckt hatte, der den Eingang seines Baus markierte, erzählte er es seiner besten Freundin, Elise, dem Eichhörnchen. Von der erfuhr es Silvester, der Specht. Auch Melanie Mäuschen, Donata Dachs und Fred Fuchs hörten davon und ließen sich sogleich Papiere ausstellen. Es dauerte nicht lange, bis alle Tiere auf dem Feld und im angrenzenden Wald Papiere an ihre Türen geheftet hatten, die ihnen kraft Siegfrieds Pfote den Besitz bestätigten. So fühlten sich alle sicher und geborgen.

Doch eines Tages, als Herbert zu seinem Bau zurückkehrte, nahm das Unglück seinen Lauf: Sein Papier war fort! Nur der leere Stamm stand noch dort, an dem er das Papier befestigt hatte.

„Oh Gott, oh Gott!", jammerte Herbert und hoppelte so schnell es ging zu Siegfried, um sich ein neues Papier ausstellen zu lassen. Doch so leicht, wie Herbert sich das vorstellte, ging es plötzlich nicht mehr.

„Nun!", brummelte Siegfried. „Da kann ja jeder kommen und sich ein neues Papier ausstellen lassen. Ich muss erst einmal prüfen, ob das wirklich dein Bau ist!"

„Aber …!", wollte Herbert einwenden. Siegfried wusste es doch! Er hatte doch das erste Papier angefertigt.

Siegfried ließ sich auf keine Diskussion ein. „Um den Fall zu prüfen, muss ich wissen, wo du geboren wurdest, wo du nach deiner Geburt gewohnt hast und wo du gewohnt hast, bevor du diesen Bau gebaut hast."

Herbert setzte an, Siegfried alles zu erzählen.

Doch der Schäferhund winkte gleich ab. „Nein, nein, nein. Da kann ja jeder kommen und sich eine Geschichte ausdenken. Du musst mir nichts erzählen, sondern Tatsachen auf den Tisch legen: ein Papier für deine Geburt und für jeden weiteren Bau danach auch eines!"

Herbert war baff. Ein Beweispapier dafür, dass er geboren wurde?

„Genau!", bestätigte Siegfried. „Und eines, aus dem hervorgeht, dass du ein Hase bist. Denn nur Hasen können ein Papier für einen Hasenbau bekommen, in Ausnahmefällen auch Kaninchen!"

„Dass ich geboren wurde und ein Hase bin?", ereiferte sich Herbert. „Aber das siehst du doch! Ich stehe lebendig vor dir! Und sehe ich etwa aus wie ein Hängebauchschwein oder wie

ein Adler oder eine Seekuh? Ich habe Hasen-Ohren, Hasen-Zähne, Hasen-Beine und ein Hasen-Fell. Was glaubst du, was ich anderes bin als ein Hase?"

„Du musst es beweisen!", konterte Siegfried ungerührt.

Herbert verstand die Welt nicht mehr.

Wie konnte er beweisen, dass er geboren wurde, wenn schon sein Leben kein Beweis dafür war? Was war überzeugender ein Hase zu sein, als hundertprozentig auszusehen wie ein Hase, zu riechen wie ein Hase und sich zu bewegen wie ein Hase?

„Heutzutage braucht man Papiere!", behauptete Siegfried. „Die Welt hat sich geändert. Hier geht es jetzt ordentlich zu!"

„Pah!", sagte Herbert und zog von dannen. So stolz, wie er einst von seinem Papier erzählt hatte, so betrübt berichtete er nun von seinem neuen Erlebnis.

Die Tiere waren erschüttert. Niemand konnte einen solchen Beweis erbringen: Donata Dachs nicht, dass sie eine Dächsin war, das Eichhörnchen nicht, dass es ein Eichhörnchen war, und auch der Fuchs konnte nicht schriftlich belegen, dass er in Wahrheit kein verkleidetes Huhn war.

„Wir brauchen keine Papiere, sondern einen Plan!", schlug der Fuchs vor.

Und so versammelten sich alle Tiere der Umgebung unter der großen Eiche.

Alle. Außer Siegfried. Heimlich hielten die Tiere ihre Versammlung ab, während Siegfried seinen Mittagsschlaf nahm, auf den ein großes Schild vor seiner Hütte aufmerksam machte:

So ahnte Siegfried nichts Böses, als er am nächsten Morgen pünktlich um 6.30 Uhr wie immer seine Runde machte, um zu kontrollieren, ob alle Tiere ihre Besitzpapiere deutlich sichtbar vor ihren Türen aufgestellt hatten.

Doch schon bei der ersten Tür fehlte das Papier! Es war der Bau von Donata Dachs.

„Aha!", machte Siegfried. „So geht es nicht!" Laut klopfte er an die Tür. Doch niemand öffnete. Donata Dachs war nicht zu Hause.

Siegfried notierte sich den Fall und zog weiter. Auch beim Eichhörnchen fehlte das Papier, ebenso beim Fuchs, beim Specht, beim Maulwurf und … bei allen anderen!

„Was ist denn hier los?", wunderte sich Siegfried. Ganz aufgeregt war er. Sein Herz raste. Sein Atem hechelte. So ging es nicht. Alles musste seine Ordnung haben. Chaos durfte nicht geduldet werden.

Aufgeregt rannte er nach Hause, um jedem Tier einen

Brief zu schreiben. Da war eine Mahnung fällig. Alle Tiere sollten gefälligst die Papiere wieder aushängen. Aber sofort!

Als er zu Hause ankam, blieb er erstaunt stehen.

All die Tiere, die er nicht angetroffen hatte, standen vor seinem Haus.

Siegfried drosselte sein Tempo. Da war doch was im Busch? Es lag etwas in der Luft, das spürte er genau.

„Was tut ihr hier?", fragte er vorsichtig.

Die Antwort verblüffte ihn noch mehr. Mit einem großen Hallo wurde er begrüßt.

„Herzlich willkommen!", schnatterte Gabriele, die dumme Gans, und überreichte ihm eine Gummimaus. „Ein Willkommensgeschenk!"

„Was soll ich mit einer Gummimaus?", bellte Siegfried.

Statt einer Antwort von Gabriele drängelte sich Donata Dachs vor und stellte einen großen Sack vor Siegfried ab. „Auf eine gute Nachbarschaft!", sagte sie.

Siegfried las die Aufschrift auf dem Sack: *Katzenstreu.*

Katzenstreu?

Bevor Siegfried weiterfragen konnte, räusperte sich der Fuchs und setzte zu einer kleinen Rede an: „… und so freuen wir uns, dich, Maunzi, als neue Katze in unserer kleinen Gemeinde zu begrüßen!"

Unter großem Beifall schritt nun Paula, die schöne Pudelhündin, auf Siegfried zu und überreichte ihm ein mit einer rosa Schleife verziertes Katzenklo!

„Himmel!", bellte Siegfried. „Was soll der Unfug? Ich bin Siegfried, ein Schäferhund!"

„Was hat er gesagt?", fragte der Fuchs in die Runde.

„Er glaubt, er wäre ein Schäferhund!", gackerte Gabriele.

Ein lautes Gelächter brach aus.

Der Fuchs schüttelte den Kopf: „Aber nein."

Feierlich entrollte er ein Papier.

„Ab heute wohnt in dieser Hütte Maunzi, die Schmuse ..."

„Die Schoßkatze!", rief Karla, die Katze, dazwischen.

„Natürlich!", verbesserte sich der Fuchs und fing von vorn an: „Ab heute wohnt hier in dieser Hütte Maunzi, die Schmuse ... äh ... die Schoßkatze! Und das bist jedenfalls du! Wir haben es doch schriftlich!"

„Schriftlich?", bellte Siegfried. „Wieso schriftlich?"

„Hier!", bestätigte der Fuchs und hielt eine Urkunde in die Höhe.

„Von wem denn?", fragte Siegfried. „Das kann doch gar nicht sein! Wer hat das unterzeichnet?"

„Wir alle!", antwortete der Fuchs. „Und damit ist es amtlich!"

Er überreichte Siegfried stumm das Papier, das ihm bescheinigte eine Katze zu sein. Unterzeichnet von allen Tieren in der Gegend.

Nur ein knappes „Bitte schön" rang der Fuchs sich noch ab.

„Aber das ist doch Blödsinn!", wehrte sich Siegfried. Ein wenig verfiel er dabei in einen weinerlichen Tonfall, so als ob er vor Kummer den Mond anheulte. „Das ist doch kompletter Unsinn!"

„Ja!", rief der Fuchs aus. „Genau das ist es!"

Und plötzlich brach ein riesiges Gelächter unter den Tieren aus. So lang und so herzlich, dass auch Siegfried mitlachen musste. Natürlich lachte er vor allem vor Erleichterung.

Wagnis

Irgendwo in der Nordsee klebte Manuela auf einem Felsen und hasste es, eine Miesmuschel zu sein. Festsitzen, Schale aufklappen, Wasser filtern, Plankton schnappen, das war ihr Leben. Manchmal schloss sie ihre Schalen zwischendurch auch mal wieder. Mehr passierte nicht. Nie. Wie öde! Wie blöde! Wirklich mies, so ein Leben.

Es musste doch noch mehr geben! Davon war Manuela überzeugt. Andere Meere, deren Wellen an die Küsten fremder Länder schlugen. Mit mehr Sonnenlicht und wärmerem Wasser; mit seltsamen Fischarten, in den buntesten Farben. Manuela hatte davon gehört. Wie gern hätte sie sich das einmal angesehen!

Aber das ging nicht. Denn sie war eine Miesmuschel. Bewegungslos. Festgezurrt am selbst gesponnenen Faden auf der Muschelbank.

Wie öde. Wie blöde!

„In Deckung!", schrie Mathilda, die benachbarte Miesmuschel.

Manuela wusste, was die Warnung bedeutete. Irgendein Fischerboot der Menschen warf wieder seine Dredschen aus. Mathildas Warnruf hatte nur symbolische Bedeutung. Vor der Dredsche gab es kein Entrinnen. Sie konnten nicht fliehen oder sich verstecken. Sie vermochten nicht einmal sich einzugraben. Wenn jemand aus der Muschelbank also „Deckung" rief, war in Wahrheit „Beten und hoffen" gemeint. Beten und hoffen, dass das große Kettensack-Netz mit seinen Stahlzähnen an ihnen vorüberzog. Wie die letzten Male. Glück hatten sie gehabt. Sonst wären sie nicht mehr hier.

Aber war es überhaupt ein Glück, hier zu bleiben? Vielleicht verhieß es erst richtiges Glück, wenn die Dredsche sie erwischte? Die Dredsche war die einzige Möglichkeit, diesem Ort zu entkommen!

„Du spinnst!", lautete Mathildas Kommentar. „Das Netz führt dich in den Topf der Menschen, mit Weißwein- oder Tomatensoße. Zu sonst nichts!"

„Wer weiß", antwortete Manuela.

„Ich weiß!", schrie Mathilda, beinahe schon hysterisch. „Meine gesamte Verwandtschaft hat es schon erwischt!"

Die Dredsche kam näher. So dicht war sie noch nie herangekommen.

„Dieses Mal werden wir noch Glück haben!", glaubte Mathilda. „Aber das nächste Mal? Jedes Mal kommt das Netz ein Stückchen näher!"

Ja, dachte Manuela. Sie wollte nicht warten, nicht länger hier auf einem Felsen festgeklebt sein, bis sie jemand in den Topf hievte. Sie wollte etwas tun. Sie musste etwas tun!

Sie hatte nur eine Chance.

Gleich jetzt.

„Nicht!", schrie Mathilda.

Manuela löste den Faden, der sie auf dem Felsen festhielt. Sie purzelte den kleinen Vorsprung hinunter auf den Meeresboden.

Im nächsten Augenblick fraßen sie die großen Stahlzähne und warfen sie in die Dredsche hinein.

„Nein!", jammerte Mathilda.

Das war das Letzte, was Manuela hörte, bevor sie an einem großen Kran aus dem Wasser gezogen wurde.

Doch auch die Erfindungen der Menschen sind nicht fehlerlos. Das große Netz hatte einen kleinen Riss. Manuela rutschte durch diese Öffnung hinaus und fiel an Deck des Schiffes. Eine Hand griff nach ihr, warf sie aber nicht zurück ins Netz, sondern steckte sich Manuela in die Hosentasche.

Unendlich lange Zeit verbrachte Manuela in der dunklen, staubtrockenen Tasche. Sie glaubte schon, sie müsse sterben, als sie endlich ans Tageslicht geholt und in eine Plastiktüte gesteckt wurde, in der es wenigstens ein bisschen feucht war. Gerade so viel, dass Manuela überleben konnte. Trotzdem war ihr elendig zumute. Das Atmen fiel ihr schwer, und sie fand nichts, womit sie sich hätte ernähren können.

Sie wusste nicht, wie lange sie schon in dem Plastik-Gefängnis ausgeharrt hatte, als sie endlich befreit wurde. Sie war zu geschwächt, um ihre Umgebung noch aufmerksam wahrnehmen zu können. Eine lange Reise hatte sie gemacht, so viel hatte sie noch mitbekommen.

Eine kleine Hand nahm sie aus dem Beutel.

Manuela hörte eine tiefe menschliche Stimme, die sagte: „Die habe ich dir mitgebracht. Du wolltest doch immer eine echte Muschel aus dem Meer haben!"

„Toll! Vielen Dank! Lebt die noch?", antwortete der tiefen eine piepsige Stimme.

Ja, Manuela lebte noch. So gerade eben. Und bestimmt nicht mehr lange. So sehr hatte sie die Reise mitgenommen.

Doch was Manuela dann sah, richtete sie noch einmal auf. Die Hand trug sie zu einem Wasserglas, das auf einem Tisch stand. Von hier aus sah Manuela etwas Eigenartiges: grünes Land. Seltsame Tiere, die von diesem grünen Land fraßen. Und so weit man blicken konnte, ein Land, das auf und ab führte. Wie Felsen im Wasser, nur viel, viel größer, viel weiter fort und viele von ihnen mit weißen Hauben.

„Ich zeige der Muschel die Berge!", rief die piepsige Stimme.

Niemals zuvor hatte Manuela sich so glücklich gefühlt wie beim Anblick dieses Panoramas. „Berge!", dachte sie. „Wie schön die sind!"

Und starb.

Am selben Tag wurde Mathilda aus dem Wasser gefischt, in zehn kleine Teile zerschnitten und landete als Zugabe in der Dose eines Fertiggerichtes. Sie hatte nie erfahren, dass so etwas wie Berge auf der Welt existierten.

Der richtige Ton

Irgendwo in der Straße links vom Markplatz, kurz vor der Scheune von Kunstspinnerin Sigrid, saß Tontaube Toni Tag für Tag, von morgens bis abends in seiner Werkstatt und töpferte emsig vor sich hin. Er liebte seine Arbeit, das war bei allen in der Stadt bestens bekannt. Schalen und Vasen, Pfannen und Gefäße, Becher und Teller, es gab nichts, was Toni nicht aus Ton herstellte. Und so gab es wohl niemanden, der nicht schon mal wenigstens ein Teil aus Tonis Werkstatt gekauft hatte.

Eigentlich hätte er also zufrieden sein können mit sich und der Welt. Aber das war Toni nicht. Die neue Rechnung für den Ton war wieder höher ausgefallen als die letzte, und der Strom wurde ab nächstem Ersten teurer, sodass er mit jedem Cent noch sparsamer umgehen musste als bisher. Wenn er schon so viel arbeitete, dann müsste er eigentlich auch mehr Geld verdienen, dachte er. Außerdem hätte er gern mal einen längeren Urlaub gemacht und einen neuen Ofen für seine Werkstatt brauchte er auch. Sogar sein Haus erschien ihm auf einmal zu klein.

Doch so sehr Toni sich auch mühte, die Bewohner der Stadt waren einfach nicht bereit noch mehr Geld für Tonis Töpferwaren zu bezahlen. Denn Tontaube Toni besaß einen kleinen Fehler: Er konnte nicht besonders gut töpfern.

Noch nie war ihm ein Gegenstand wirklich gut gelungen.

Seine Schalen wackelten. Die Vasen hielten das Wasser nicht. Die Pfannen durfte man nicht zu sehr erhitzen, damit sie nicht zersprangen. Die Becher hatten alle eine unterschiedliche Größe und auf den Tellern zerkratzte ständig die Glasur.

„Das ist eben Handarbeit!", erklärte Toni, wenn sich ein Kunde beschwerte. „Was kann ich dafür, wenn ihr alle keine Ahnung von der Töpferei habt!"

Und so gaben sich die Bewohner der kleinen Stadt mit Tonis Erklärungen zufrieden. Getöpferte Waren mussten wohl schief und krumm sein. Tontaube Toni hatte es ihnen erklärt und der musste es ja wissen. Denn außer Toni gab es niemanden in der Stadt, der töpferte.

Eines Tages jedoch bekam die Stadt eine neue Bewohnerin.

Nicht irgendeine.

Vroni Feldmaus wollte sich in der Stadt niederlassen!

Die Vroni Feldmaus: Fotomodell, Schauspielerin, Liebling aller Werbespots, Showmasterin, Modedesignerin und weltweit bekanntes Partymäuschen! Sie hatte sich bereits ein Haus gekauft; direkt neben Tontaube Toni.

Toni gefiel es gar nicht, mit einer neuen Nachbarin auskommen zu müssen. Schon gar nicht mit so einer.

„Ich hab schon immer gesagt, dass das eine blöde Zicke ist!", muffelte er. „Was will die jetzt ausgerechnet hier?"

Es dauerte nicht einmal eine Woche, bis sich Tonis dunkle Vorahnung bestätigte.

Vroni Feldmaus war offenbar der Ansicht, noch nicht

genug Berufe auszuüben und noch immer zu wenig Geld zu verdienen. Und so entdeckte Toni eines schlechten Morgens ein riesiges Schild an Vronis Tor:

Vronis Accessoires

stand in geschwungenen Buchstaben darauf, und darunter:

Kunstvolles Porzellan, Glas und Töpferwaren

Töpferwaren!

Toni gurrte, schlug mit den Flügeln und schrie wütend: „Das dumme Mäuschen kriegt wohl nie genug!" Töpferwaren! In seiner Stadt! Direkt neben seiner Werkstatt! Da hörte sich ja wohl alles auf!

Kaum hatte er das Schild gelesen, sah er schon eine dichte, schwarze Traube sich nähern. Nicht nur die Stadtbewohner kamen in Scharen! Sondern von überall her kamen Tiere angepilgert, um sich Vronis Accessoires anzusehen. Natürlich besonders viele Schreiberlinge von den vielen bunten Magazinen.

Das schlug dem Fass den Boden aus! Jahrzehnte töpferte Toni nun schon in dieser Stadt; niemals war er auf einen grünen Zweig gekommen und jetzt kam so eine Schnepfe daher …

„Keine Schnepfe, eine Maus!", berichtigte Susanne, die Schnepfe. Sie führte die Karawane der Stadtbewohner an.

„Das ist doch schnurz!", schnauzte Tontaube Toni die Schnepfe an, rot vor Wut und blass vor Neid − gleichzeitig! „Es ist eine Unverschämtheit, dass ihr alle bei ihr kauft!"

„Aber ihre Schalen wackeln nicht!", behauptete Charlotte, das Schalentier. Davon war auch Hyäne Hannelore überzeugt. Sie kicherte blöd und schleppte sechs Schalen von dannen, die sie gerade gekauft hatte.

„Ihre Vasen halten das Wasser!", wusste Biber Bibo beizufügen.

Kylie, das eingewanderte Känguru, freute sich über die hitzebeständigen Pfannen und musste sogar für Eugen Eule von der Buchhandlung und Plattfisch Peter zwei mitbringen.

„Bestell diesem Pfannfisch einen schönen Gruß!", giftete Tontaube Toni ihr hinterher. „Das nächste Mal breche ich ihm alle Gräten!"

Karin Kartoffelkäfer, die den großen Supermarkt leitete, hatte eine Palette Becher ergattert und die kleine Wachtel Walpurga sah über den Rand ihres neuen Tellers hinaus den verzweifelten Toni sich vor Wut einzelne Federn ausreißen.

Toni war entschlossen sich zu wehren. Er raste zurück in seine Werkstatt und töpferte bis spät in die Nacht so viel, wie er noch nie getöpfert hatte. Wenn es plötzlich einen so großen Bedarf an Töpferwaren gab, dann sollten die Leute eine große Auswahl bei ihm vorfinden. Bei Vroni Feldmaus gab es rote Schalen? Toni töpferte rote Schalen, Schälchen, Schüsseln und Bottiche. Vroni Feldmaus machte blaue Kakaobecher? Toni töpferte blaue Becher für Kakao, Tee, Kaffee, Milch und Saft.

Tonis Lager wuchs und wuchs und wuchs. Es stapelten sich Schalen und Becher und Vasen und Pfannen und, und, und. Aber niemand kaufte bei ihm auch nur die kleinste Untertasse, nicht einmal mehr einen Eierbecher wurde er los.

Vroni Feldmaus aber konnte gar nicht so viel töpfern, wie die Stadtbewohner bei ihr kaufen wollten.

Eines Abends fiel Toni erschöpft um.

„Ich kann nicht mehr!", stöhnte er. „Niemand will meine Töpferwaren. Ich gebe auf. Aber was soll ich nur tun? Ich kann doch nichts als töpfern!"

Plötzlich klopfte es an die Tür.

Ganz leise. Toni hätte es beinahe nicht gehört, weil sein Jammern und Schluchzen viel lauter war als die Klopfzeichen von draußen.

Als er nach einer Weile öffnete, traf ihn beinahe der Schlag.

Vor seiner Tür stand Vroni Feldmaus und lächelte.

Toni wollte die Tür gerade wieder zuschlagen, als Vroni sagte: „Ich hätte gern ein Schälchen gekauft!"

Toni glaubte sich verhört zu haben.

Doch Vroni wiederholte es: „Ich hätte gern ein Schälchen gekauft!"

Und sie wusste auch schon welches. Zielstrebig ging sie auf ein kleines, hässliches, wackeliges Tonschälchen zu, das nur noch in Tonis Regal stand, weil sein Mülleimer gerade zu voll war, als dass es noch Platz gefunden hätte.

„Es wackelt so schön. Nie bekomme ich die Schälchen so lustig wackelig hin. So sehr ich mich auch bemühe!", gestand Vroni. „Ich zahle dir fünfzig Euro dafür!"

Fünfzig Euro! Das Schälchen war keine fünf wert!

Ohne weiter zu zögern, verkaufte er Vroni das hässliche schiefe Schälchen.

Vroni strahlte, verpasste Toni ein Küsschen auf den Schnabel, versicherte ihm, bald noch eine trübe Tasse, einen brüchigen Becher und einen tiefen Teller, der zu flach war, kaufen zu wollen.

Am nächsten Tag staunten die Stadtbewohner nicht schlecht, als sie ein neues Schild an Vronis Haus entdeckten: *Geschlossen* stand darauf.

Vroni Feldmaus hatte die Lust am Töpfern und am ruhigen Kleinstadtleben verloren. Schon nach so kurzer Zeit vermisste sie den Glanz und Glimmer der großen Städte, schloss die Töpferei und verkaufte ihr Haus.

„Wenigstens wieder Ruhe!", dachte Tontaube Toni, wenngleich seine Geschäfte sicher noch schlechter gehen würden als früher. Denn in den vergangenen Tagen hatten sich alle bei Vroni reichlich mit Töpferwaren eingedeckt.

Als er aber am nächsten Morgen vor die Tür trat, traute er seinen Augen nicht. Eine riesige Traube von Stadtbewohnern stand vor seinem Haus und wartete nur darauf, dass er endlich seine Töpferei öffnete.

Als Tontaube Toni sichtlich nicht begriff, was los war, watschelte Zeitungsente Eva auf ihn zu: „Ja, liest du denn keine Zeitung?", schnatterte sie auf ihn ein und drückte ihm eine Zeitung in den Flügel.

Toni las ein Interview mit Vroni Feldmaus, gleich auf der ersten Seite. Sie hätte das Töpfern aufgegeben, nachdem sie gesehen hätte, wie schön und lustig Tontaube Toni töpfern könne. So kehre sie zurück in ihre alten Jobs und könne allen Leuten nur Tontaube Toni empfehlen.

Kaum hatte Toni das Interview fertig gelesen, stürmten die Stadtbewohner seine Werkstatt und kauften ihm sein gesamtes Lager leer.

„Hab ich doch immer gesagt …", rief Toni voller Glück, „… dass die Vroni ein wirklich nettes Mäuschen ist!"

Baden im Glück

Irgendwo am Mittelmeer, noch weiter weg von der kleinen Stadt, in der Karla und Hektor lebten, als der Hafen und die Nordsee, hatte Hermann lange geschwiegen. Es war nicht leicht gewesen, sein Geheimnis für sich zu behalten. Trotzdem war es ihm lange Zeit gelungen. Niemand hatte mitbekommen, dass er verliebt war. Bis über beide Ohren. Dabei hätte er es am liebsten quer durchs Tal hinausposaunt, damit alle es hörten. Und damit vor allem *sie* es hörte. Denn noch wusste sie von nichts.

Ihr seine Liebe zu gestehen, genau das hatte er sich bislang nicht getraut. Denn Hermann war ein Hängebauchschwein. Das an sich war nicht das Problem. Auch Hängebauchschweine durften sich verlieben. Niemand hatte etwas dagegen. Das Problem war, in *wen* er verliebt war. Hermann liebte …

Das war eben das Geheimnis.

Hermann wackelte den Hügel hinauf, der für seine kurzen Beinchen so beschwerlich zu erklimmen war wie ein riesiger Berg.

Doch *sie* stand immer oben auf dem Hügel, im Schatten der Pinien und Mandelbäume, gemeinsam mit den anderen, und zupfte die letzten, dürren Halme aus dem harten, vertrockneten Boden.

Völlig außer Atem kam Hermann oben an.

Und da sah er *sie:* Venus, die Vollblutstute!

Groß, schlank, muskulös stand sie da. Ein Anblick wie aus einem Traum!

Die abfälligen Blicke der anderen Pferde übersah er nicht. Er ließ sie über sich ergehen.

„Was machst du denn schon wieder hier?", wieherte ihn einer dieser dummen Gäule an.

„Wie ist er überhaupt hierhinaufgekommen?", wunderte sich der Hengst. Er senkte den Kopf und betrachtete Hermanns kurze, dicke Beine. „Mit den fetten Stummeln, als ob man einem Sack Hafer Beine verpasst hätte!"

Die anderen Gäule wieherten.

Eine Stute ergänzte: „Zu kurz, um seinen Schlabberbauch über dem Boden zu halten. Seht nur seine Schleifspur!"

Hermann hätte sich diese Beleidigungen sicher nicht weiter angehört, wenn nicht *sie* dagestanden hätte.

Sie schwieg.

Genau deshalb hatte Hermann sich in sie verliebt. Sie hatte sich noch nie über ihn lustig gemacht, war niemals vor ihm fortgelaufen. Und irgendwie hatte er immer das Gefühl, dass sie ihn sehr warmherzig anschaute.

Sie war eine erstklassige Zuchtstute, weithin über Ländergrenzen bekannt. Ein Prachtexemplar, ein Tier, über das die Menschen redeten, angetan von ihrer Schönheit und ihrem kraftvollen Körper.

Er aber war nichts weiter als ein fettes Ungetüm, dessen Bauch beim Gehen über den Boden schleifte und dem die Fettwulste an allen Seiten nur so herunterhingen. Niemals würde er ihr seine Liebe gestehen, niemals, das hatte er sich geschworen. Ihm reichte es schon, in ihrer Nähe sein zu dürfen.

„Schön, dich zu sehen!", keuchte er. Sein Herz pumpte auf Hochtouren, nicht nur wegen der Anstrengung, die er gerade hinter sich gebracht hatte.

Venus schaute ihn an. Der Wind trieb ihr seinen Gestank

in die Nüstern. Er hatte sich unten in der Senke wieder im Schlamm gesuhlt und genauso sah er auch aus: zerzaust, der faltige Körper mit einer getrockneten Schlammkruste paniert. Und er stank nach Mist, Stall und Essensresten.

Die anderen Pferde schnauften, drehten ihre Nüstern aus dem Wind heraus, um seinen Gestank nicht ertragen zu müssen.

„Wird der nie gewaschen?", fragte eine zierliche Stute in die Runde. „Widerlich!"

Venus wandte sich nicht von Hermann ab. Im Gegenteil.

„Hallo!", grüßte sie freundlich.

„Ist es nicht langweilig, allein hier oben?", fragte Hermann mit einem Seitenblick auf die Pferdegruppe.

Venus ließ ihr großes Gebiss zu einem kurzen Lächeln aufblitzen und schnaufte ein wenig.

Kein Zweifel: Ihr war langweilig.

„Ich kann Geschichten erzählen!", bot Hermann an. „Oder wir singen etwas!"

Venus wieherte. Ein singendes Hängebauchschwein konnte sie sich nun wirklich nicht vorstellen!

„Okay, muss ja nicht sein!", räumte er ein. „Wir können auch nur gemeinsam träumen!"

Er richtete seine Schnauze in die Sonne, schloss die Augen und fragte: „Wovon träumst du?"

Venus schwieg.

Hermann wartete.

Venus schwieg.

„Hast du keine Träume?", fragte er nach.

Venus ging einige Schritte weiter, hob den Kopf, hielt die Nüstern in den Wind.

Hermann schleppte sich mühsam hinterher.

„Halt! Warum läufst du denn fort?"

Der Hengst beobachtete die beiden.

„Seht euch den Hermann an!", wieherte er. „Stampft immer der Venus hinterher. Man könnte glauben, er wäre verliebt!"

Ein unglaubliches Gelächter setzte ein.

„Eine Vollblutstute und ein Hängebauchschwein! Was für ein albernes Paar!"

Hermann hätte fast geweint, als er das hörte. Aber er unterdrückte seine Tränen.

„Machst du das öfter?", fragte ihn Venus plötzlich. Sie hatte den Kopf gesenkt und flüsterte ihre Frage, damit niemand sie hörte.

„Was?", fragte Hermann zurück.

„Im Schlamm baden!"

Hermann wich einen Schritt zurück, senkte seinen Blick. Er schämte sich plötzlich für das, was Hängebauchschweine seit Generationen taten. Nicht nur Hängebauchschweine. Alle Schweine taten das. Auch Hausschweine und Wildschweine suhlten sich für ihr Leben gern im Schlamm.

„Ja!", gab Hermann kleinlaut zu. „Jeden Tag!"

Jetzt ist alles aus, dachte er. Sein Aussehen war schon schlimm genug, aber dass er sich auch noch im Schlamm suhlte, das war für eine so schöne Stute wie Venus sicher das Allerletzte.

„Davon träume ich!", flüsterte sie.

„Was?", fragte Hermann erstaunt. Er hob den Kopf:„*Du willst …?*"

„Pst!", unterbrach Venus ihn schnell. „Die anderen dürfen das nicht hören!"

Sie machte eine Pause, sah unsicher zu den anderen hinüber, bevor sie fragte: „Meinst du, ich könnte das auch?"

„Im Schlamm suhlen?", flüsterte Hermann zurück. Er konnte es immer noch nicht glauben.

Jetzt war Venus es, die sich schämte.

„Ich weiß", sagte sie. „Es schickt sich nicht für ein so feines Pferd, wie ich es bin. Aber ich träume davon, seit ich dich das erste Mal gesehen habe! Es muss herrlich sein!"

„ES IST HERRLICH!", schrie Hermann heraus.

„Pst!", machte Venus wieder. „Nicht so laut. Wenn die anderen es hören!"

„DIE ANDEREN?", posaunte Hermann heraus.

Die anderen Gäule sahen erstaunt zu den beiden herüber.

„OH! ICH VERSTEHE! KOMM MIT!" Hermann dachte gar nicht mehr daran, leise zu sprechen. Sollten doch alle zu ihm hinschauen! Jawohl, die ganze Welt sollte sehen, wie glücklich er war!

Mit hoch erhobenem Kopf stolzierte er an den riesigen Rassestuten vorbei. Als er auf Höhe des Hengstes angekommen war, blieb er stehen, grinste das breite Pferdegebiss an und fragte: „Weißt du, was schön ist?"

„Nein", antwortete der Hengst verblüfft. „Was?"

„Eben!", antwortete Hermann. „Das ist dein Problem!"

Mit diesen Worten stampfte er von dannen.

Vogelfrei

Irgendwo in der Nähe der Zeitungsredaktion wohnte Waltraud Wellensittich zusammen mit ihrem Mann Willi in einem schmucken Vogelhäuschen. Schon viele Jahre lebten sie dort und es fehlte ihnen an nichts.

Doch eines Tages schaute Waltraud hinaus über die Straße bis zu einem nicht allzu weit entfernten Baum und seufzte: „Zu gern würde ich einmal weiter fliegen als nur bis zu unserem Baum! Warum fliegen wir nicht einmal weiter?"

„Weiter?", fragte Willi. „Was willst du denn dort? Auf dem Baum haben wir uns kennen gelernt und sind kurz darauf hier eingezogen. Es ging uns doch immer gut hier ..."

„Ich weiß, ich weiß ...", unterbrach Waltraud ihn. „Mir gefällt es hier ja auch. Nur würde ich gern einmal wissen, wer dort hinter dem Baum wohnt."

„Das kann ich dir sagen!", entrüstete sich Willi. „Dort gibt es Katzen und Hunde. „Viel zu gefährlich!"

„Schade", sagte Waltraud und blieb.

Abends sahen sie gemeinsam fern, trällerten und krächzten ein wenig und schliefen ein, geborgen und friedlich.

Am nächsten Tag schien herrlich die Sonne und der Abend wurde noch schöner. So ein richtig feiner, warmer Sommerabend.

„Ach, wie gern würde ich einmal die Nacht draußen bleiben!", seufzte Waltraud.

„Ja, so weit kommt es noch!", krächzte Willi. „Dunkel ist es, die Katzen sind unterwegs, alle Vögel schlafen und du wandelst durch die Nacht. Nein, nein. Schlag dir das aus dem Kopf!"

„Schade", sagte Waltraud. Die halbe Nacht blieb sie auf und schaute in den Himmel, aber sie ging nicht hinaus.

Am nächsten Morgen war sie so müde, dass sie nicht wie üblich mit dem Sonnenaufgang aufstand.

„Was ist los?", fragte Willi.

„Heute würde ich am liebsten den ganzen Tag liegen bleiben", gestand Waltraud.

„Wieso?", fragte Willi besorgt nach. „Fühlst du dich etwa krank?"

„Nein, nein", beruhigte Waltraud ihn schnell. „Ich fühle mich gut. Ich meine: einfach nur so. Einfach mal liegen bleiben!"

„Liegen bleiben?", wunderte sich Willi. Er wusste überhaupt nicht, was Waltraud meinte. In all den Jahren war Waltraud niemals „einfach so" liegen geblieben.

„Faul sein!", erklärte Waltraud. „Einfach mal faul sein!"

„Also da hört sich doch wohl alles auf!", krächzte Willi so laut, dass sich beinahe schon die Nachbarn beschwert hätten. „Raus aus den Federn!"

„Aber Willi!", lachte Waltraud keck. „Du bist ja ein ganz Schlimmer!"

„So habe ich das nicht gemeint!", schimpfte Willi. „Aufstehen. Aber sofort. Faul sein! Wer sind wir denn! Kommt überhaupt nicht in Frage!"

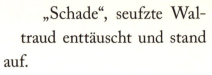

„Schade", seufzte Waltraud enttäuscht und stand auf.

Am vierten Tag stand Willi wie immer mit dem Sonnenaufgang auf, piepste sich warm und stellte plötzlich fest, dass er allein im Vogelhäuschen saß.

„Waltraud?", rief er seine Frau. Sollte sie heute schon so früh aufgestanden sein? Vor ihm? Wie ungewöhnlich. Wo steckte sie nur?

„Waltraud?", rief er noch einmal und erhielt wieder keine Antwort.

So sehr er auch rief und suchte, er fand sie nicht.

Waltraud war fort.

Und sie blieb fort.

Den ganzen Tag.

Die ganze Nacht.

Den nächsten Tag.

Die ganze Woche.

Den ganzen Monat.

Den gesamten Sommer und den darauf folgenden Herbst ebenso wie den Winter.

Nach einem Jahr gab er betrübt die Suche auf.

Schweren Herzens entfernte er ihren Namen vom Türschild. Genau in dem Moment hörte er ein Piepsen aus dem Nachbarhaus, das ihm bekannt vorkam.

Willi ließ alles stehen und liegen und flog hastig hinüber ins Nachbarhaus. Und siehe da: Auf dem Fenstersims dieses alten, baufälligen Hauses saß Waltraud!

„Was um alles in der Welt tust du hier?", fragte Willi verdutzt.

„Ich wohne hier!", antwortete Waltraud.

„Hier?" Willi sah sich um, betrachtete abfällig das Haus und wetzte sich den Schnabel. „Hast du 'ne Meise?"

„Ja, hat sie!", antwortete ihm eine fremde Stimme.

Eine Meise kam herangeflogen.

„Das ist Mike!", sagte Waltraud.

„Wieso?", wollte Willi nur wissen.

„Naja, eigentlich heißt er Michael!"

Willi schlug wild mit den Flügeln. „Das ist mir egal. Ich meinte: Wieso bist du nicht bei mir geblieben, in unserem schönen, komfortablen, sauberen Vogelhäuschen?"

„Erinnerst du dich, wie gerne ich erkundet hätte, wer hinter unserem Baum wohnt?"

Willi erinnerte sich.

„Du wolltest nicht, dass ich dorthin fliege!"

Willi nickte.

„Erinnerst du dich, wie gerne ich mal eine Nacht draußen geblieben wäre?", fragte Waltraud.

Willi erinnerte sich nur zu gut daran. So eine Schnapsidee!

„Und dann weißt du auch sicher noch, wie gerne ich mal faulenzen wollte!"

Willi nickte.

Deshalb also war Waltraud abgehauen.

„Ist es dir denn so wichtig, zu wissen, wer auf der anderen Seite der Stadt wohnt, nachts draußen zu bleiben und zu faulenzen?"

Er dachte schon daran, dass er es mit Waltraud ja vielleicht mal tun könnte. Ganz vielleicht. Ausnahmsweise. Ein kleines bisschen. Obwohl es ihm nach wie vor nicht recht wäre.

Doch da sagte Waltraud: „Nein!"

„Nein?" Willi verstand nicht. „Was: Nein?"

„Es ist mir nicht wichtig!", ergänzte Waltraud und fügte gleich an: „Und ich habe es auch nie getan!"

„Du bist nie zur anderen Seite der Stadt geflogen?"

„Nein."

„Du bist nie nachts hinausgegangen?"

„Nein."

„Du hast nie gefaulenzt?"

„Nein!"

Willi verstand die Welt nicht mehr. Dann war doch alles in Ordnung. Dann konnte sie doch ebenso gut wieder zu ihm zurückkehren.

„Nein!", sagte Waltraud wieder. „Ich bleibe hier!"

„Aber weshalb, wenn du auch hier diese ganzen Dinge nicht tust, die du zu Hause nicht tun solltest?", fragte Willi verdutzt.

„Weil ich es hier jederzeit tun könnte, wenn ich wollte!", antwortete Waltraud und schlug Willi die Tür vor dem Schnabel zu.

Müde Mücke macht keinen Mucks

Irgendwo in der Stadt hockte Minni, die Mücke, auf der Oberfläche einer Pfütze und ließ sich von der Sonne wärmen.

Sie tat nichts.

Sie summte nicht.

Sie flog nicht.

Sie stach auch niemanden.

Sie lag einfach nur da.

Sie war nichts als

soooooooooo träge

und soooooooooooo faul

und soooooooooooooo müüüüüüüüüüüüüüüüüüüüüüde.

Darüber wollte Eva, die Zeitungsente, gerne berichten: Eine Reportage über das faulste Tier der Stadt, das hatte es noch nicht gegeben!

Aber Minni meckerte sie nur an: „Nun mach mal aus einer Mücke keinen Elefanten!"

Beleidigt zog Eva von dannen und kam sich vor wie ein ganz dummes Huhn.

Bis heute weiß niemand, was Eva uns über Minni
so gern berichtet hätte.

Was für ein trübseliges

Ende

Bibliografische Information Der Deutschen Bibliothek
Die Deutsche Bibliothek verzeichnet diese Publikation in der
Deutschen Nationalbibliografie; detaillierte bibliografische
Daten sind im Internet über *http://dnb.ddb.de* abrufbar.

Copyright © 2005 Gerstenberg Verlag, Hildesheim
Alle Rechte vorbehalten
Text Copyright © 2005 Andreas Schlüter
Illustrationen Copyright © 2005 Reinhard Michl
Umschlag von Reinhard Michl
Satz: Gerstenberg Verlag, Hildesheim
Druck und Bindung: Westermann Druck, Zwickau
Printed in Germany

www.gerstenberg-verlag.de

ISBN 3-8067-5078-5

05 06 07 08 09 5 4 3 2 1